COME DISEGNARE
VOLUME - 02

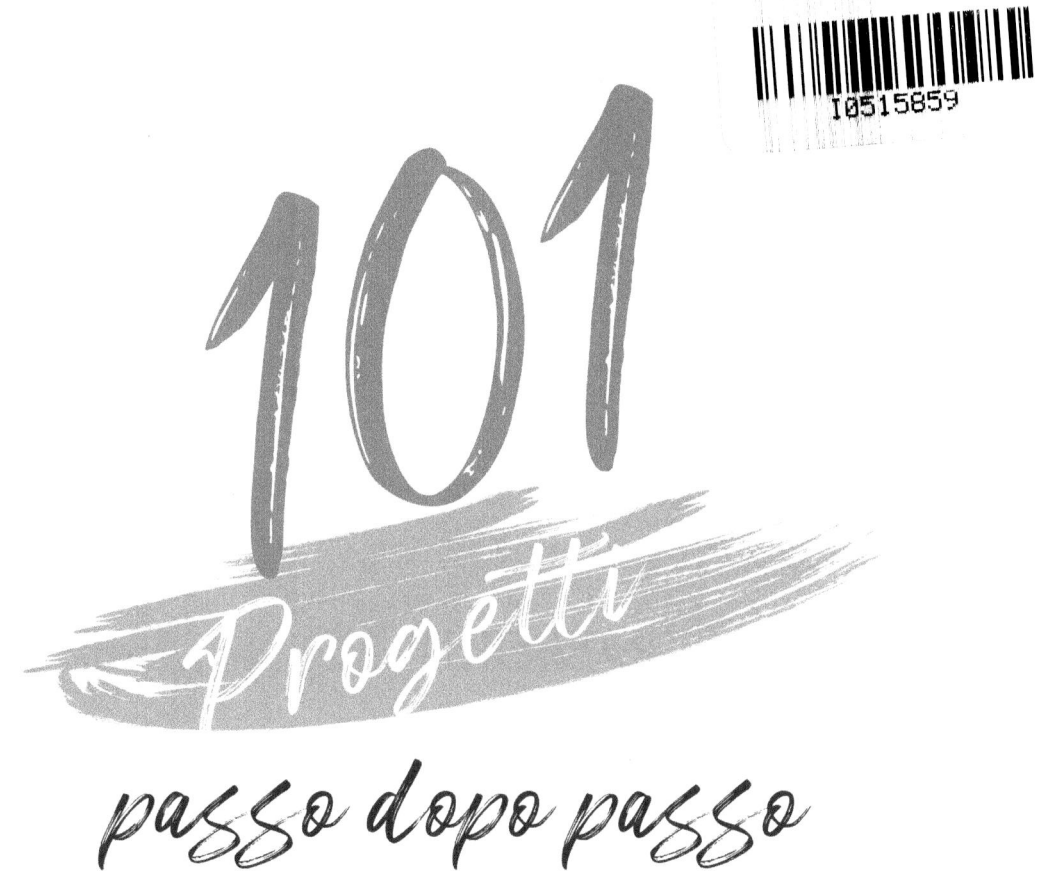

101 Progetti

passo dopo passo

ISBN: 9798338307991
© Originale Educ. Tutti i diritti riservati.
Nessuna parte di questa pubblicazione può essere riprodotta, distribuita o trasmessa in qualsiasi formato o con qualsiasi mezzo, che sia fotocopia, registrazione o altre metodologie elettroniche o meccaniche, senza il permesso scritto preventivo dell'editore, a eccezione di brevi citazioni in una recensione critica e di alcune altre utilizzazioni non commerciali autorizzate dalla legge sul diritto d'autore.

INDICE

INTRODUZIONE..................................3

RITRATTI...............................4 - 6

SILHOUETTE ....7 - 15

ANIMALI .... 16 - 55

MEZZI DI TRASPORTO .... 56 - 61

OGGETTI .... 62 - 95

CASTELLI .... 96 - 98

FIORI ....99 - 104

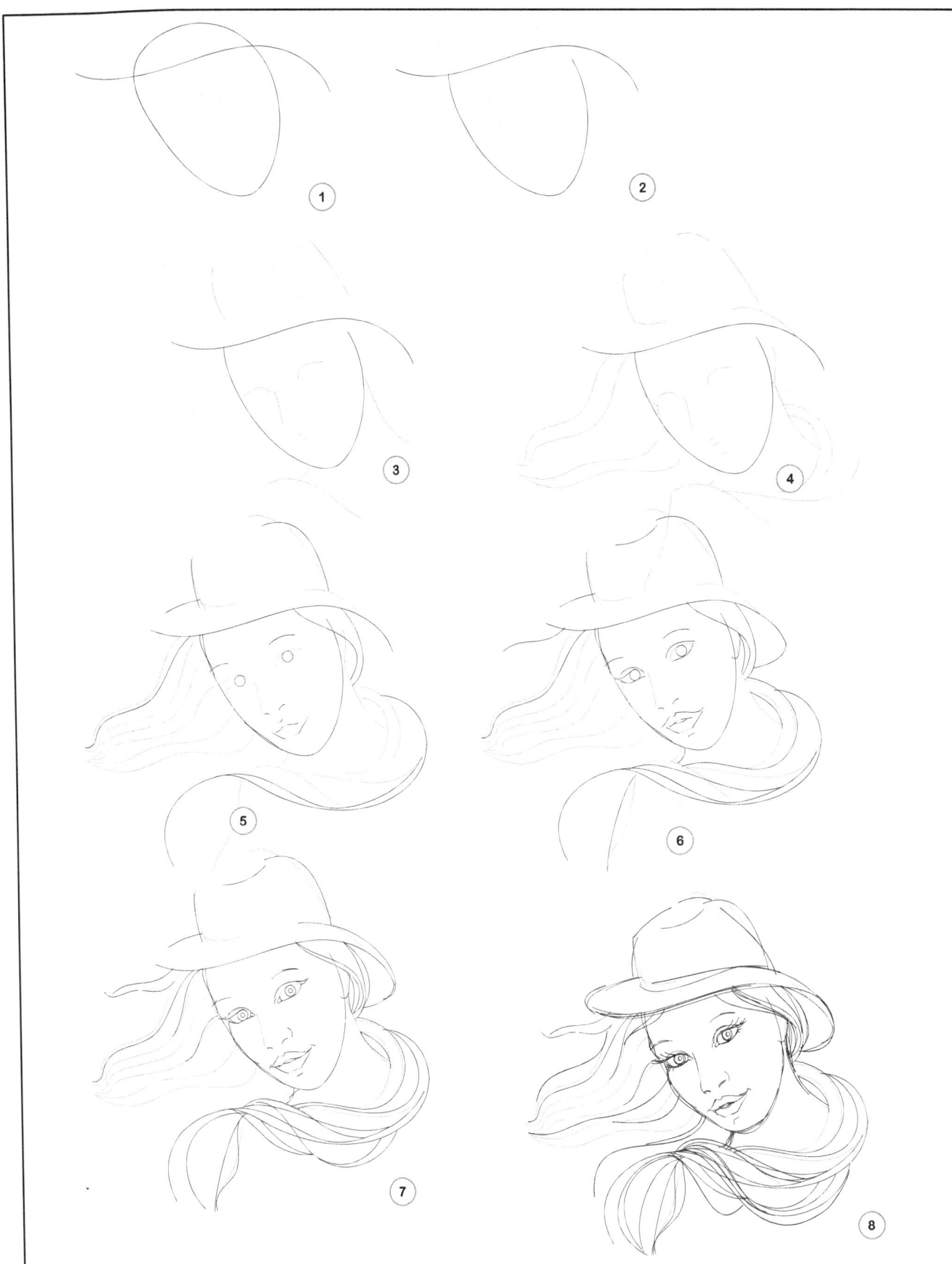

INTRODUCTION

Il disegno è un modo per liberare la tua creatività ed esprimerti in modo visivo. Dopo il successo del nostro primo volume, siamo entusiasti di presentarti «Come disegnare 101 progetti passo dopo passo - Volume 02». Questa nuova edizione continua l'avventura, offrendoti ancora più progetti entusiasmanti da disegnare, passo dopo passo. Che tu sia un bambino, un adolescente o un adulto principiante, questo libro è fatto per te.

Troverai istruzioni chiare e dettagliate per disegnare una nuova gamma di oggetti, inclusi animali, paesaggi, personaggi, veicoli e molto altro. Ogni progetto è progettato per essere realizzato in più semplici passaggi, così potrai imparare a disegnare gradualmente, al tuo ritmo.

Inoltre, le illustrazioni e le foto ad ogni passo continueranno a guidarti durante tutto il processo di disegno, permettendoti di seguire facilmente le istruzioni e ottenere risultati soddisfacenti.

Questo libro è progettato per rafforzare ulteriormente la tua fiducia in te stesso e stimolare la tua creatività. Combinando le conoscenze acquisite nei due volumi, potrai esplorare ulteriormente la tua passione per il disegno e perfezionare le tue abilità. Quindi, prendi la tua matita e il tuo blocco da disegno, e preparati ad arricchire il tuo talento artistico con «Come disegnare 101 progetti passo dopo passo - Volume 02».

Ecco 5 consigli per migliorare il tuo disegno:

Pratica spesso: La pratica è la chiave per migliorare il tuo disegno. Cerca di disegnare regolarmente per acquisire esperienza e abilità.

Studia le forme e le proporzioni: Capire le forme e le proporzioni degli oggetti che disegni è essenziale per rappresentarli in modo realistico.

Usa riferimenti: Avere immagini di riferimento a portata di mano può aiutare molto a disegnare oggetti, animali e persone in modo realistico.

Sii creativo: Non esitare a provare nuove tecniche e a essere creativo con il tuo disegno. Questo ti aiuterà a sviluppare il tuo stile e affinare le tue capacità.

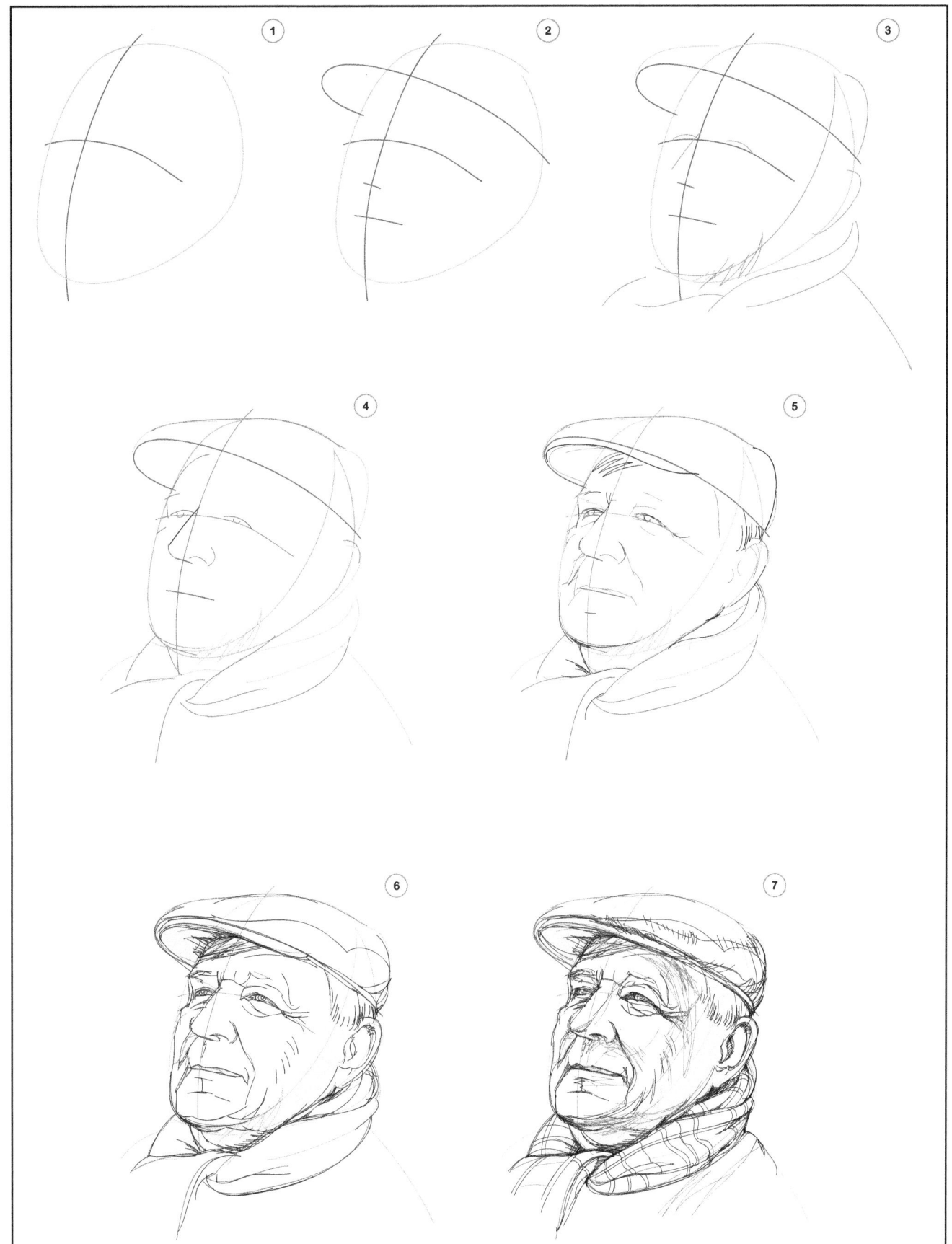

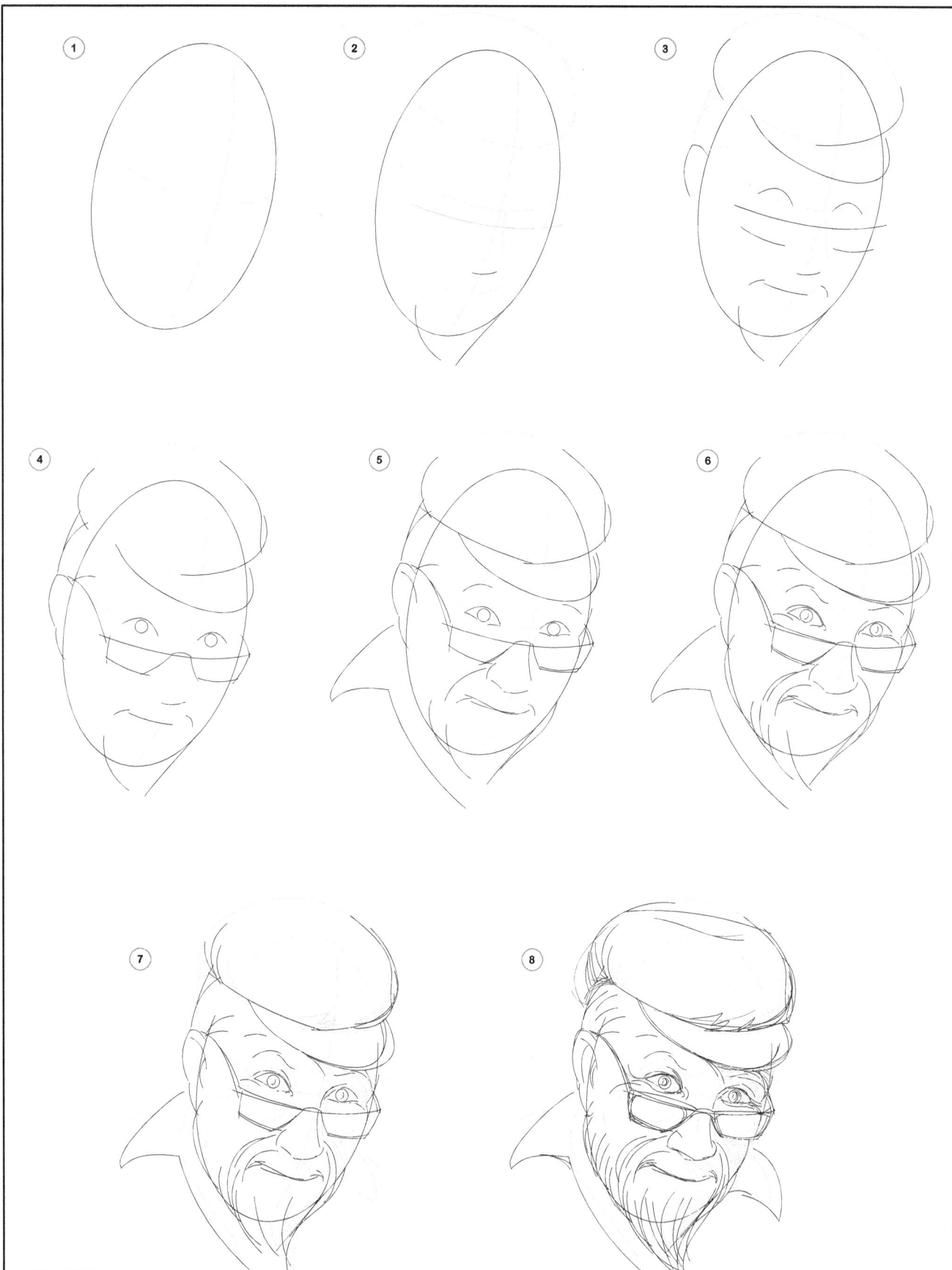

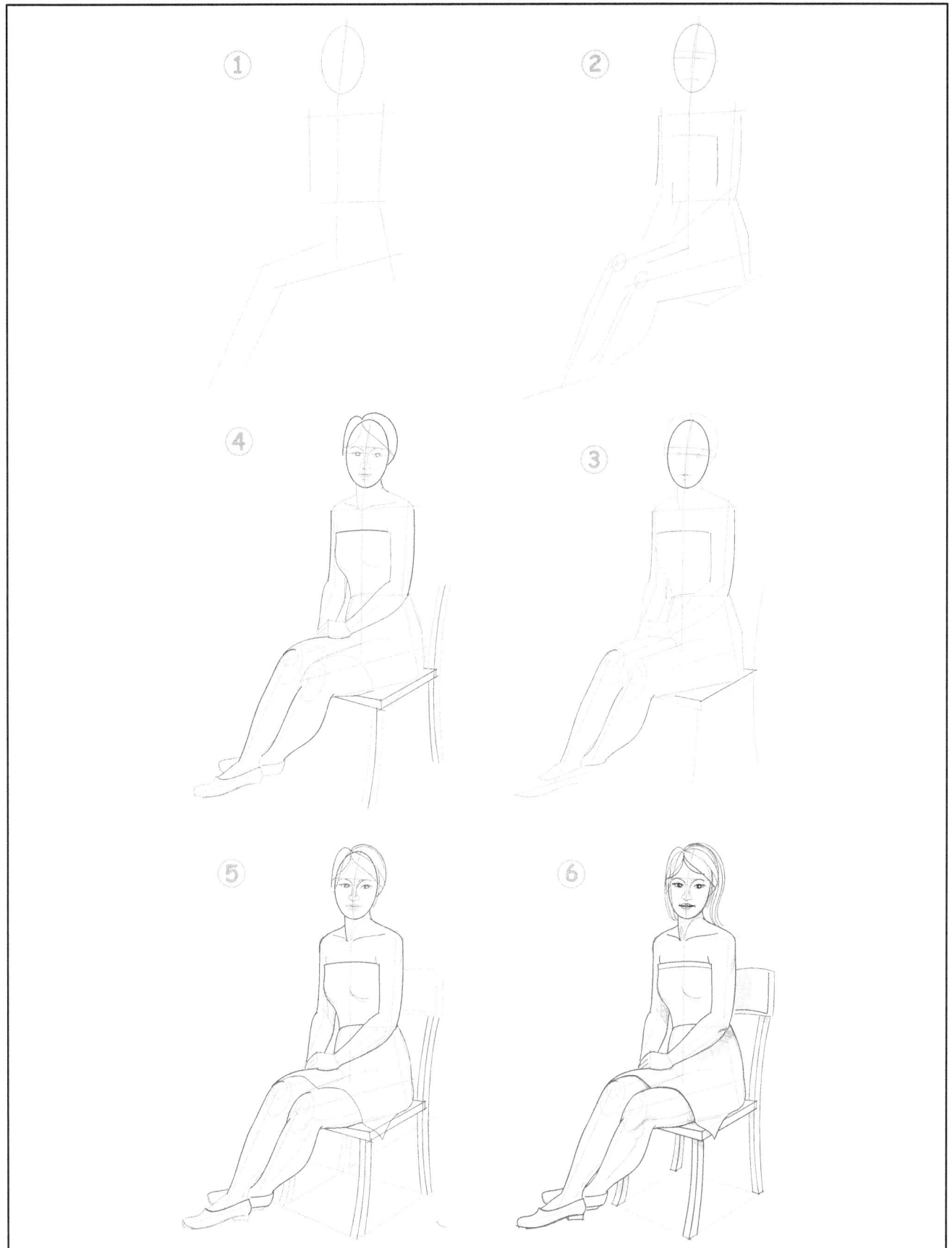

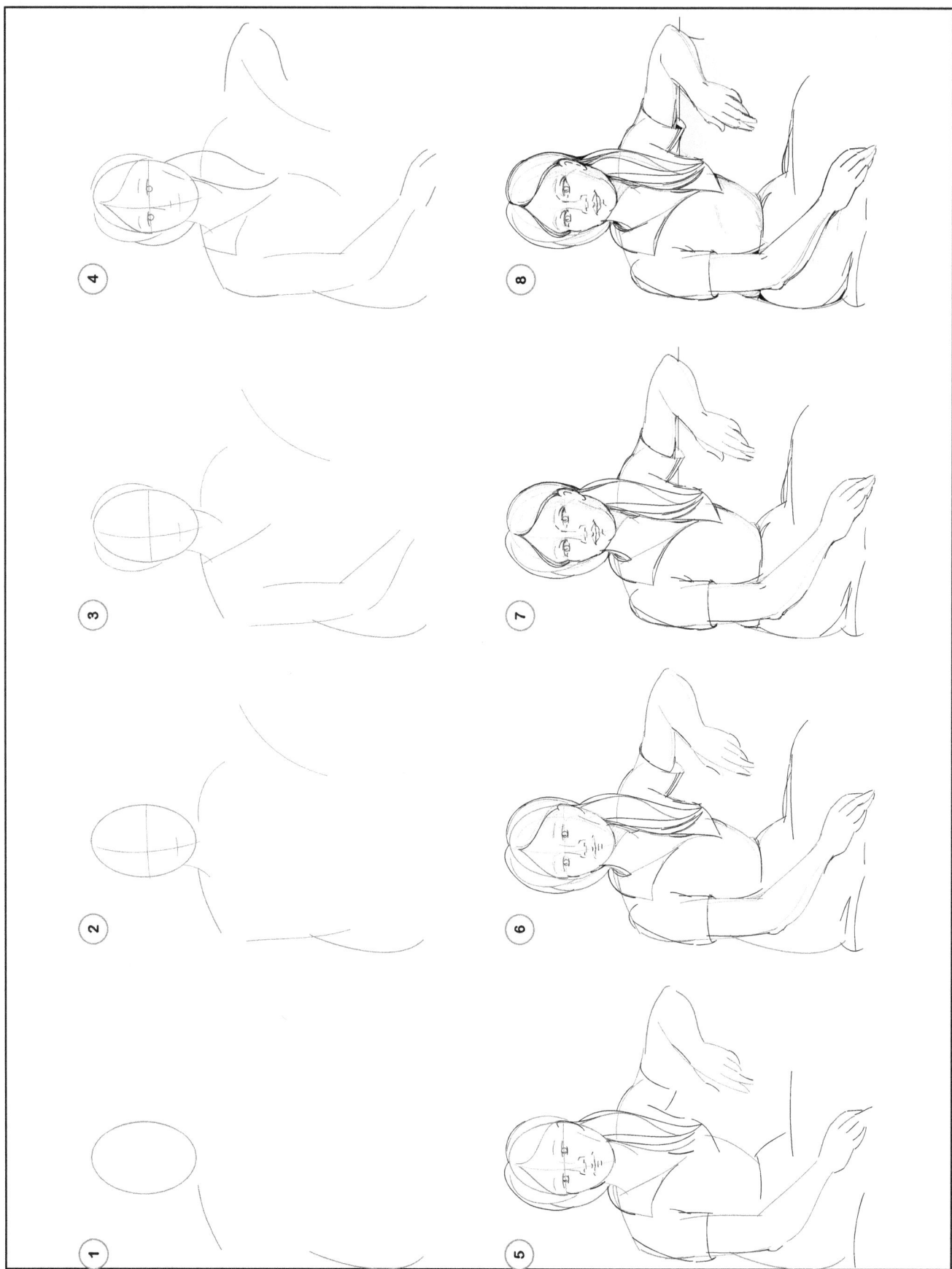

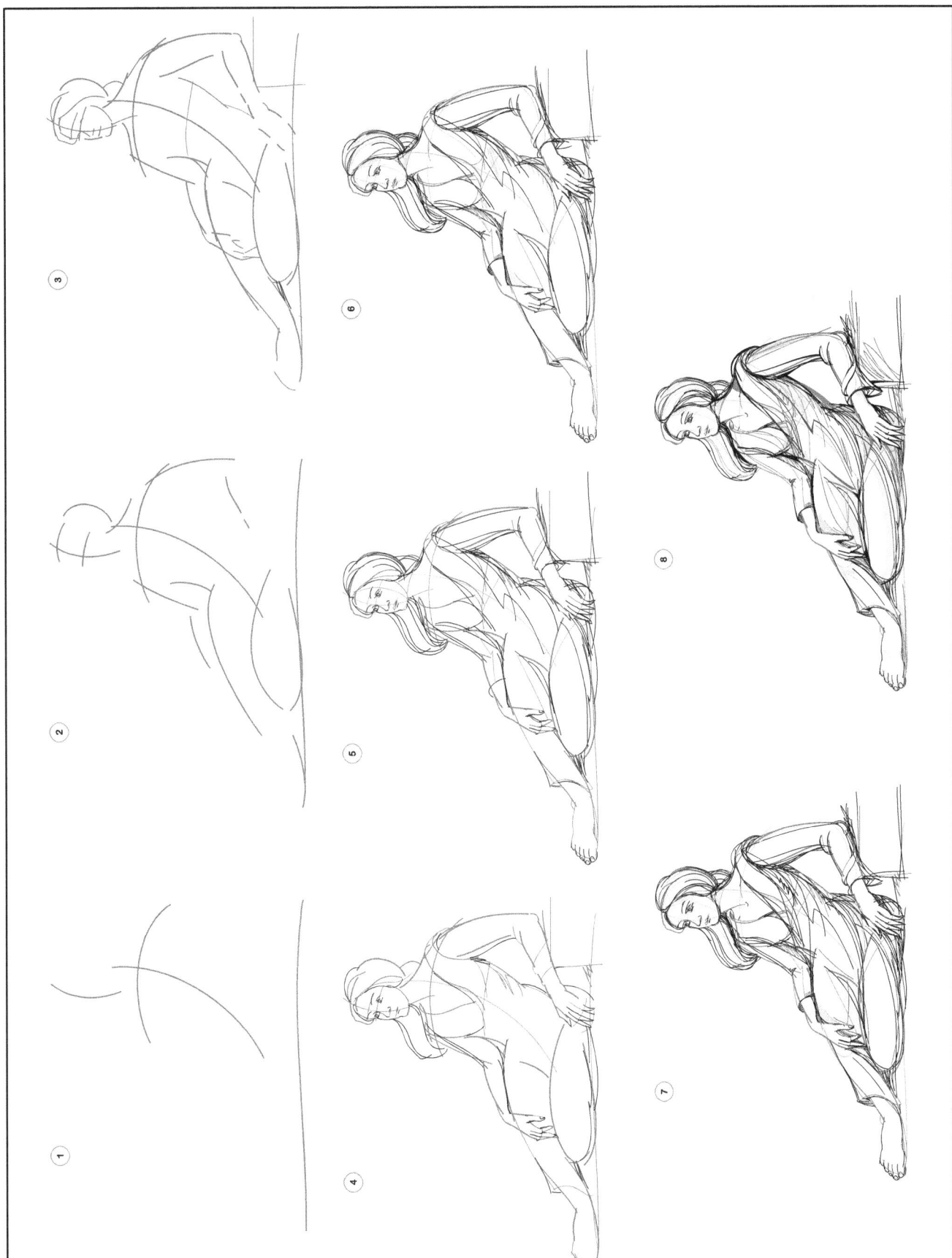

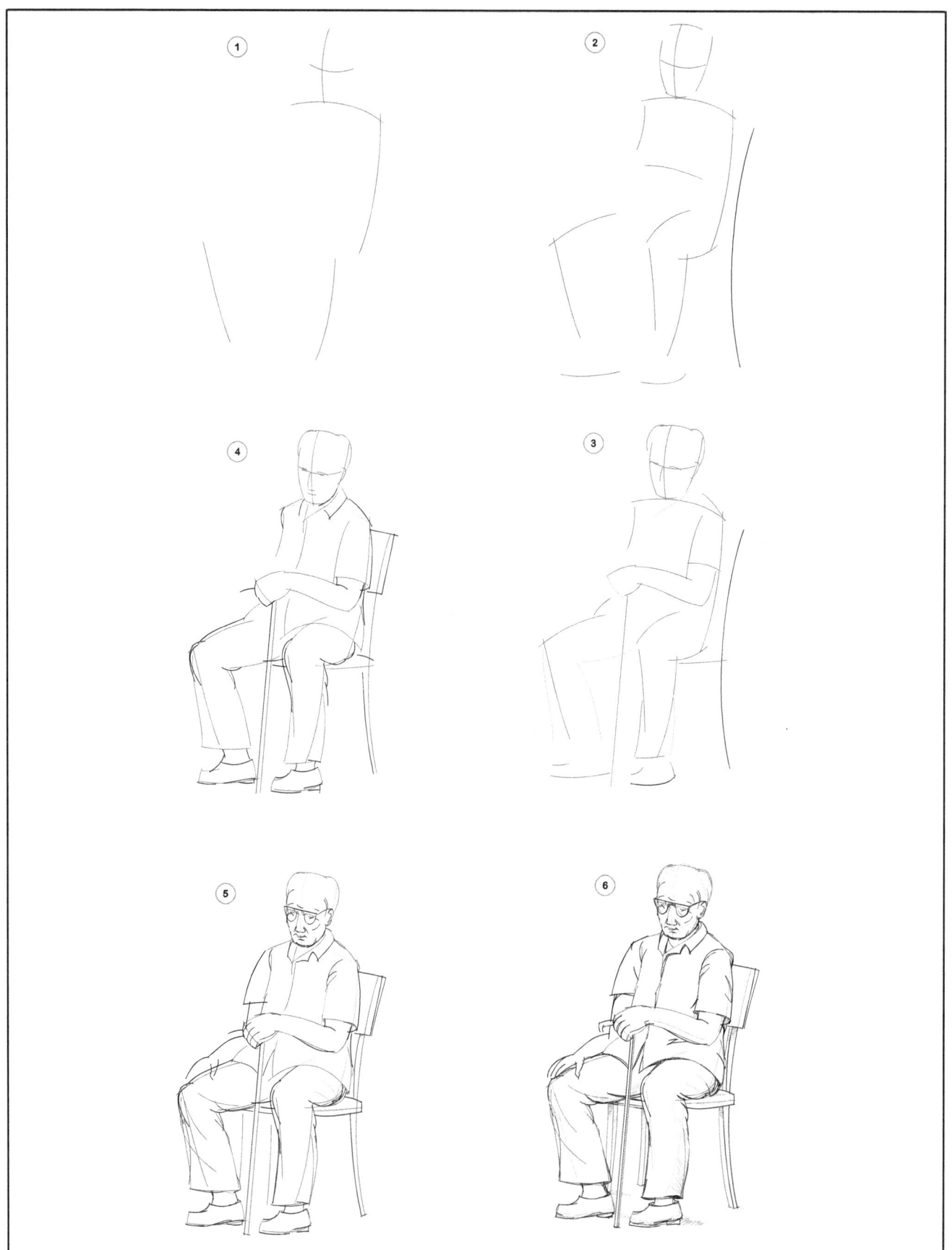

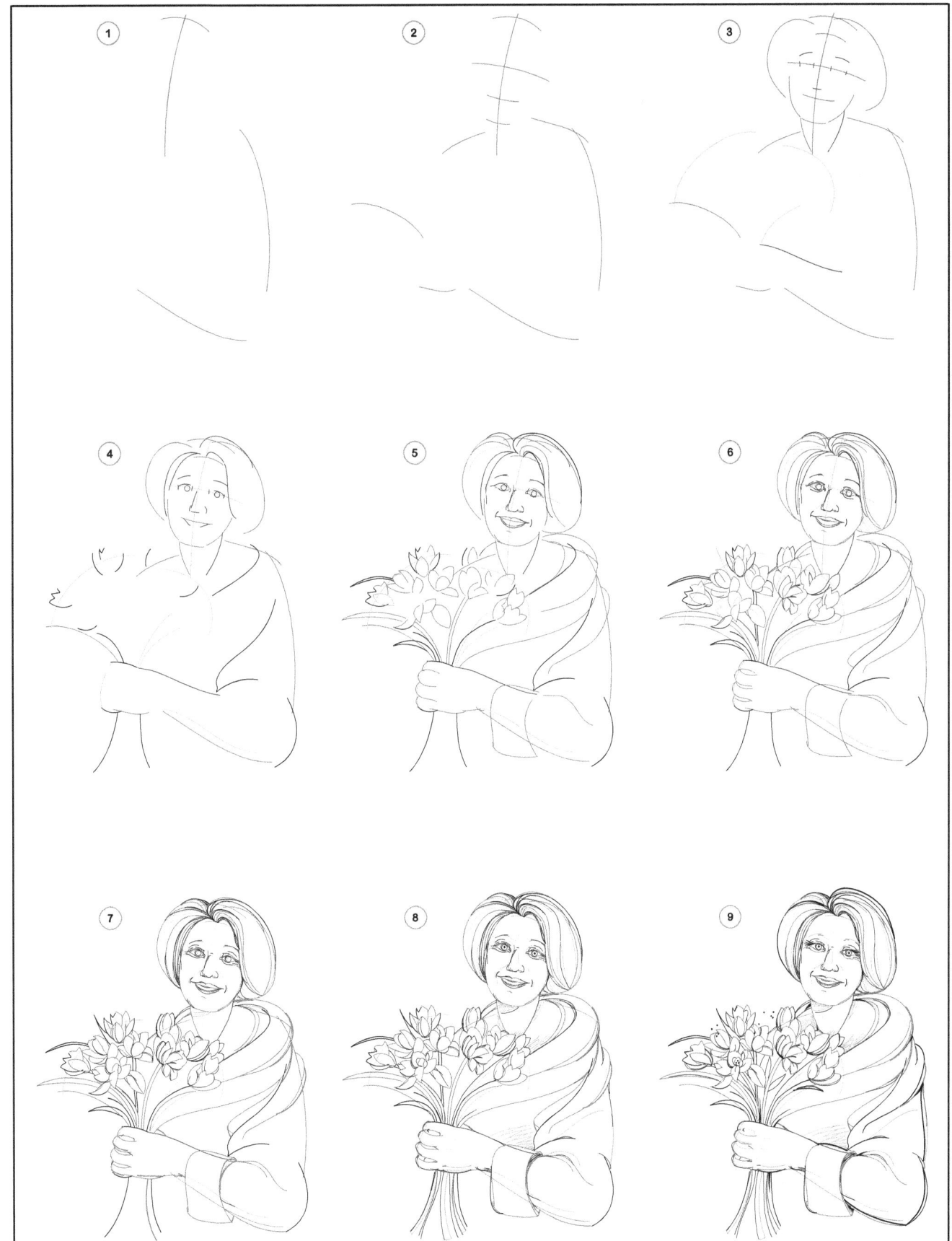

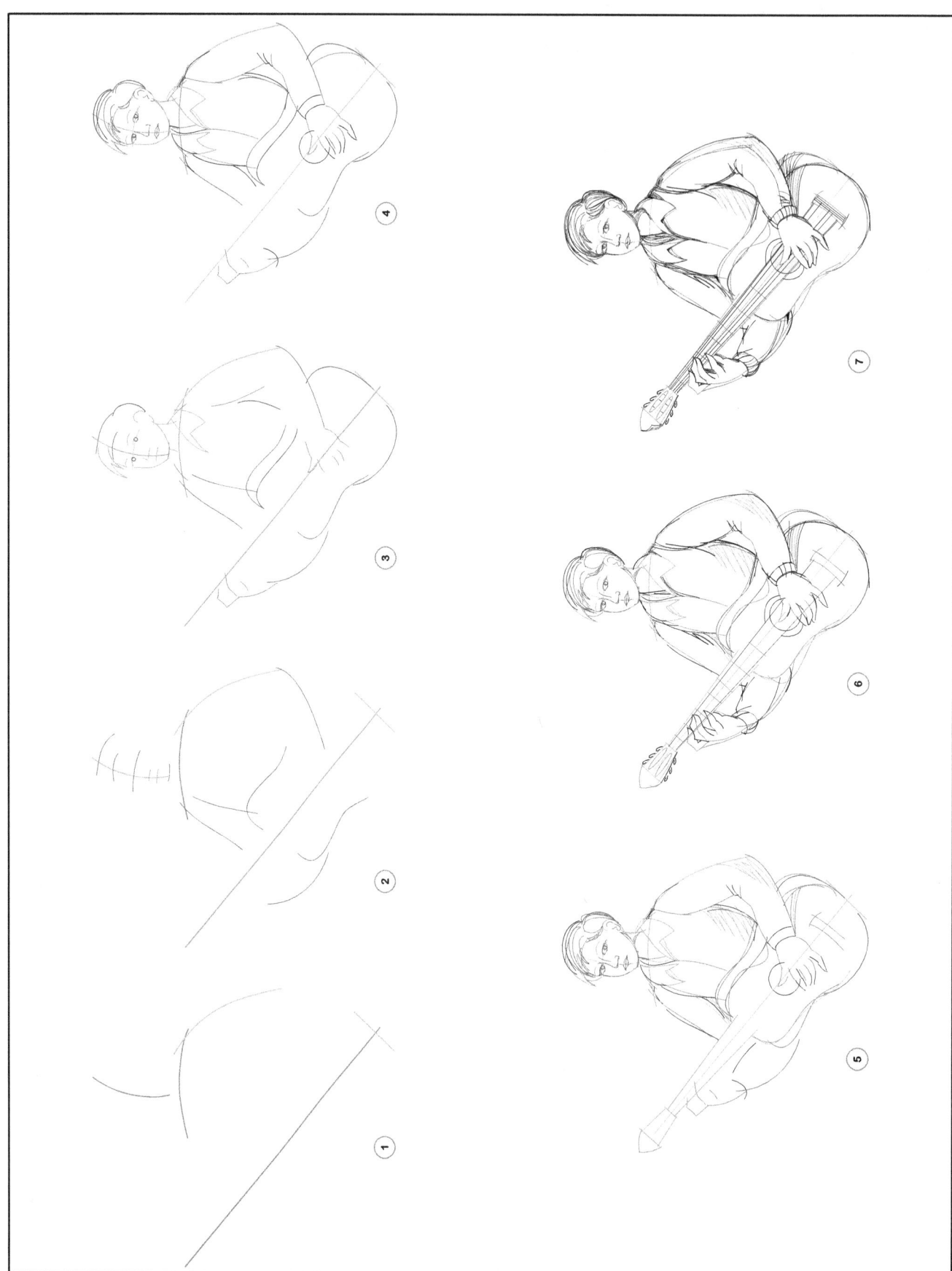

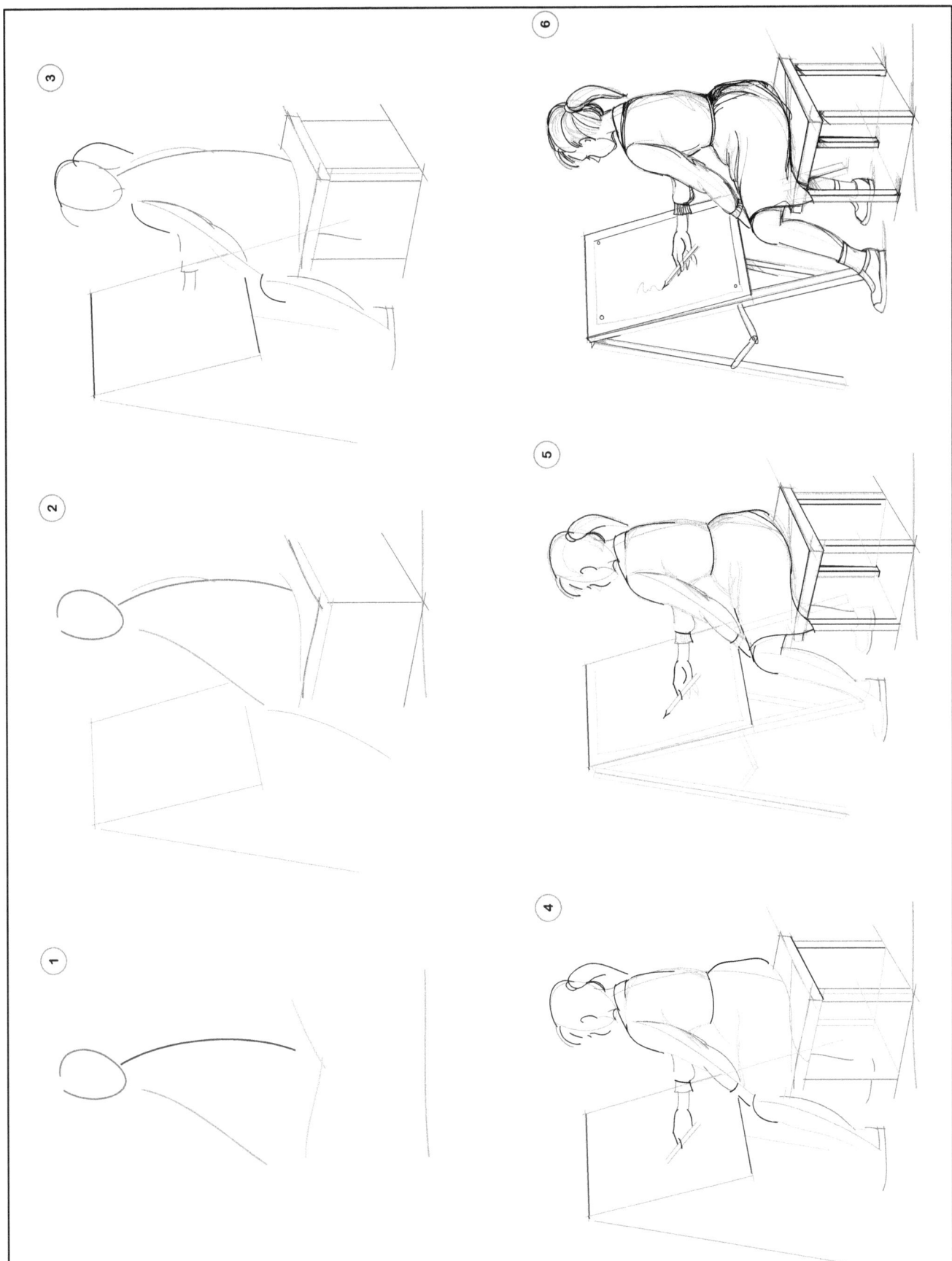

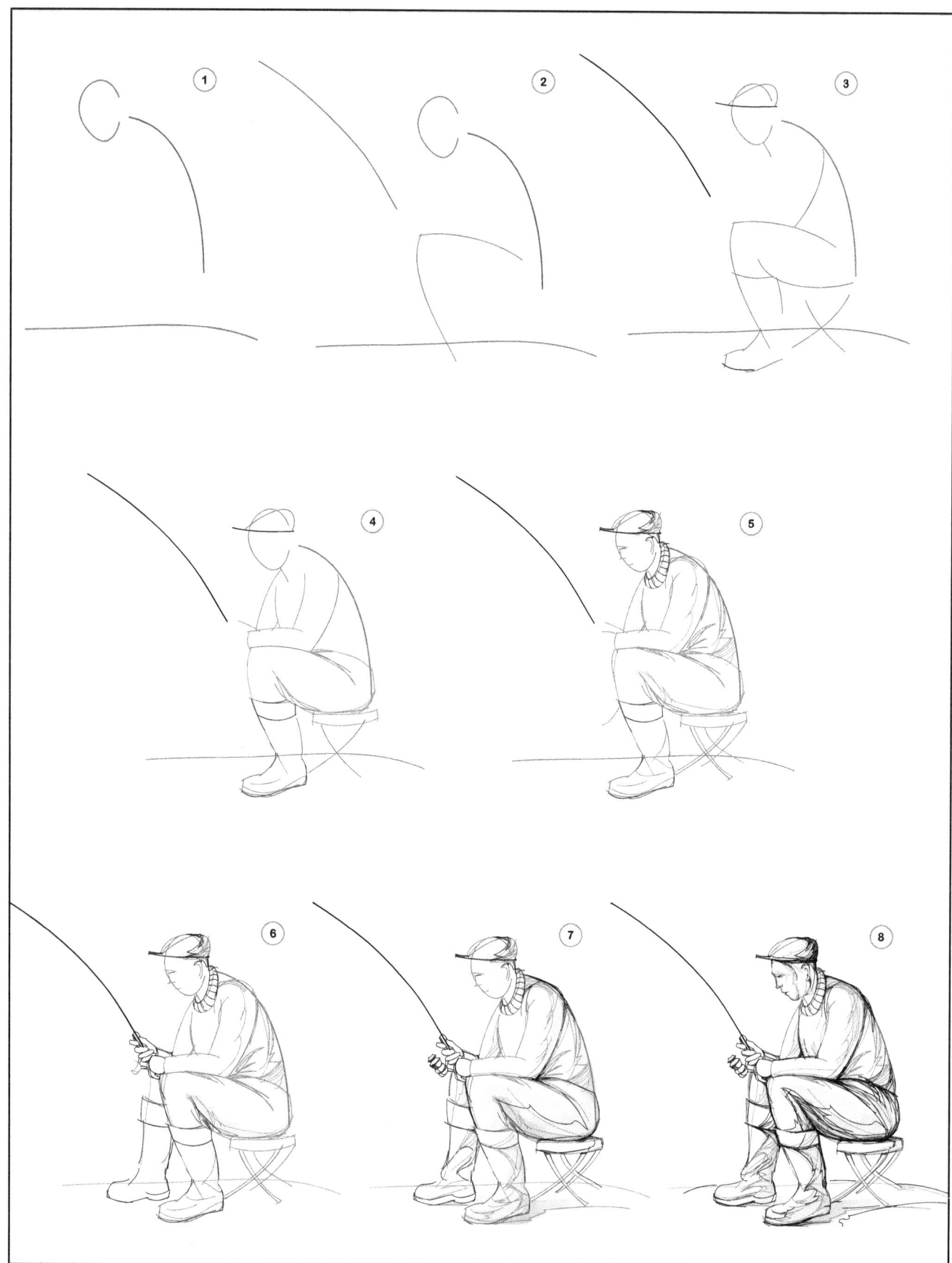

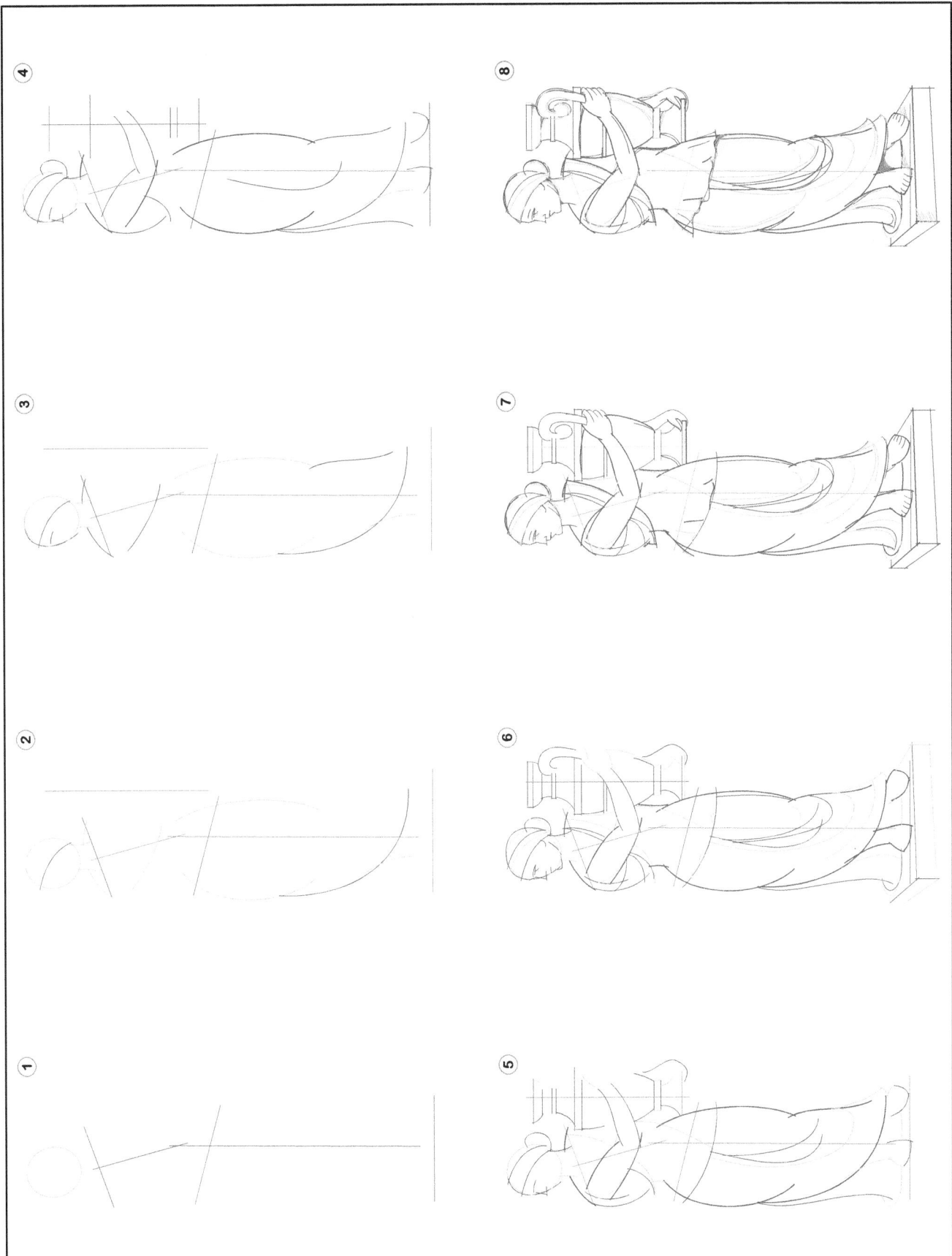

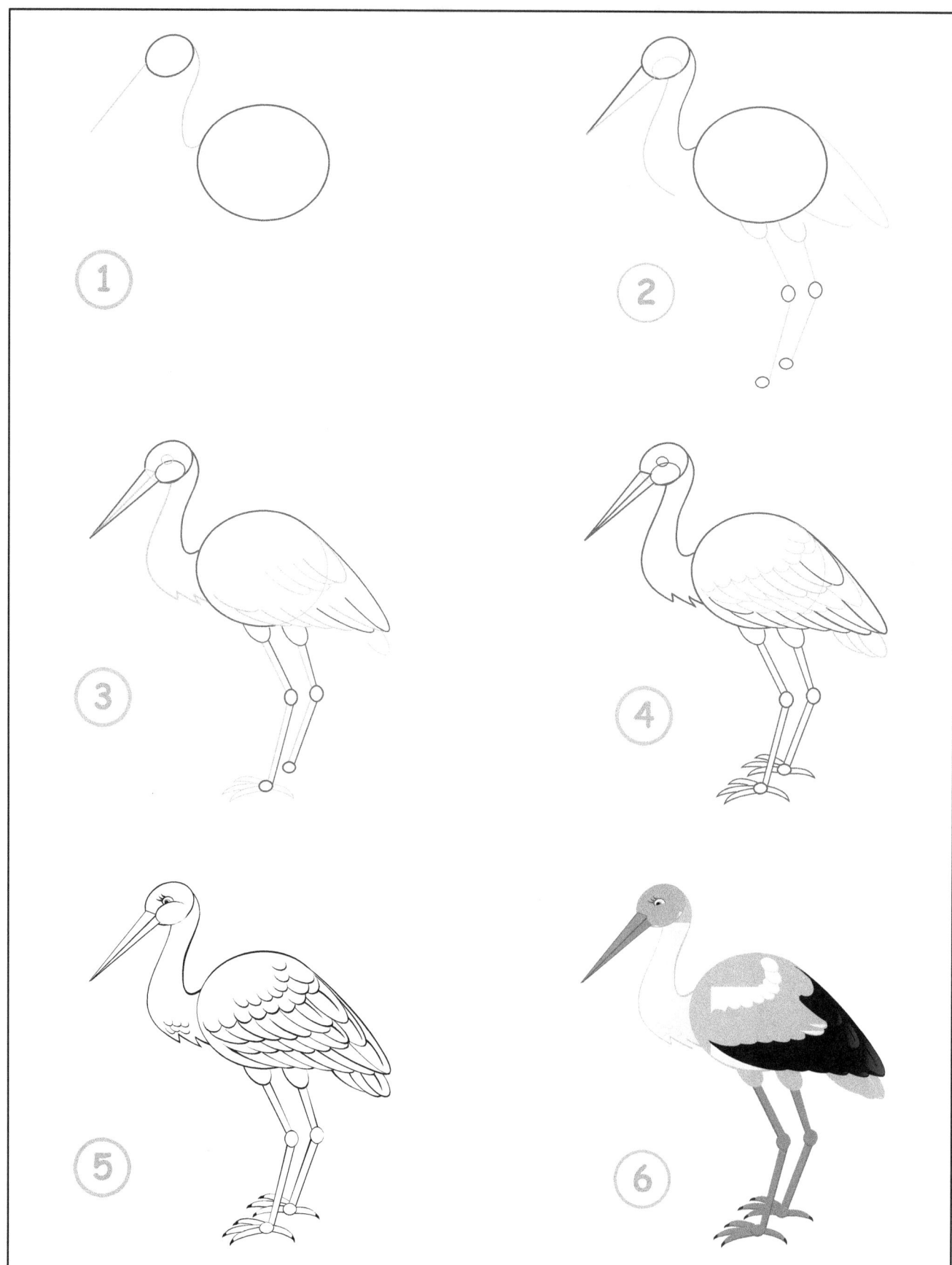

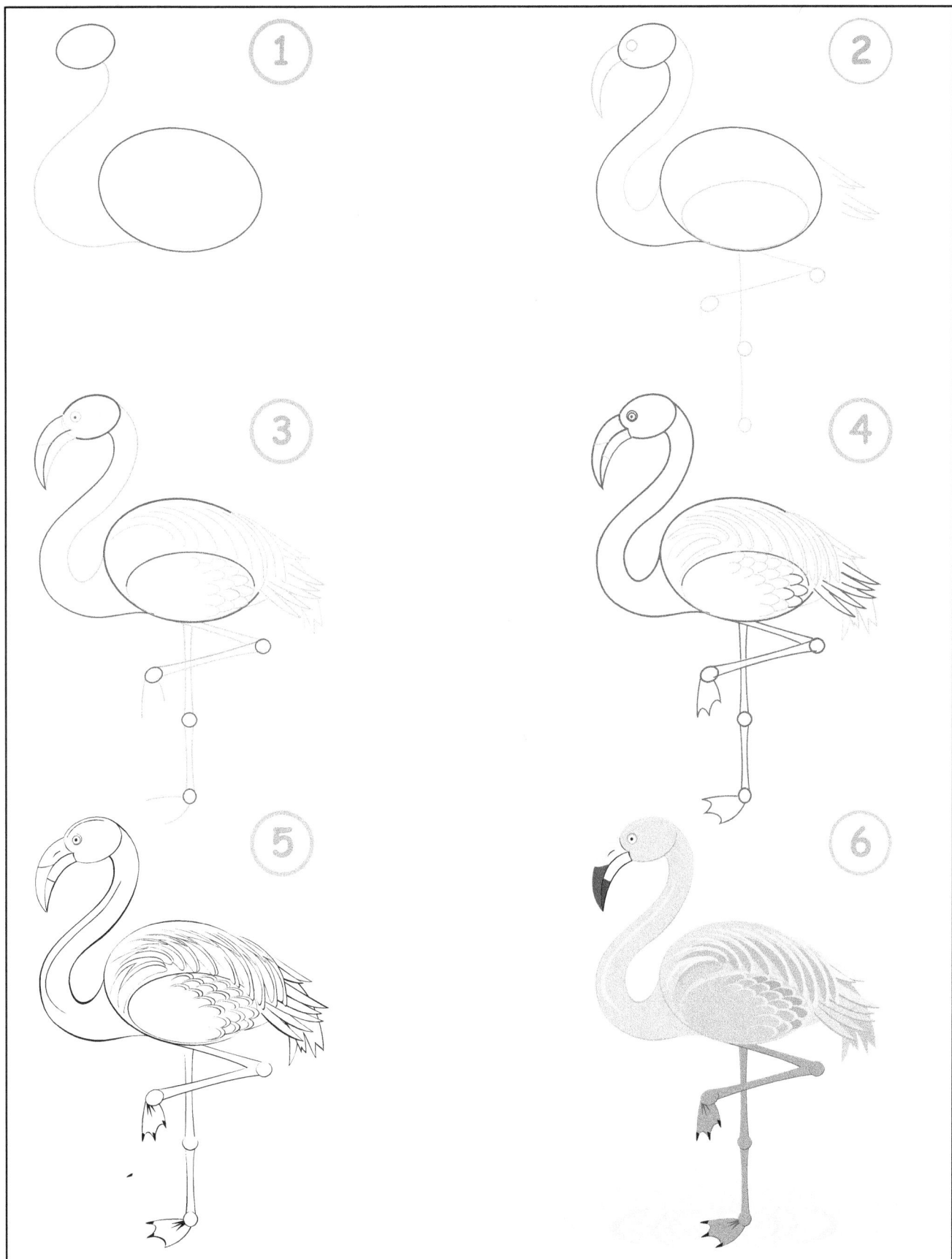

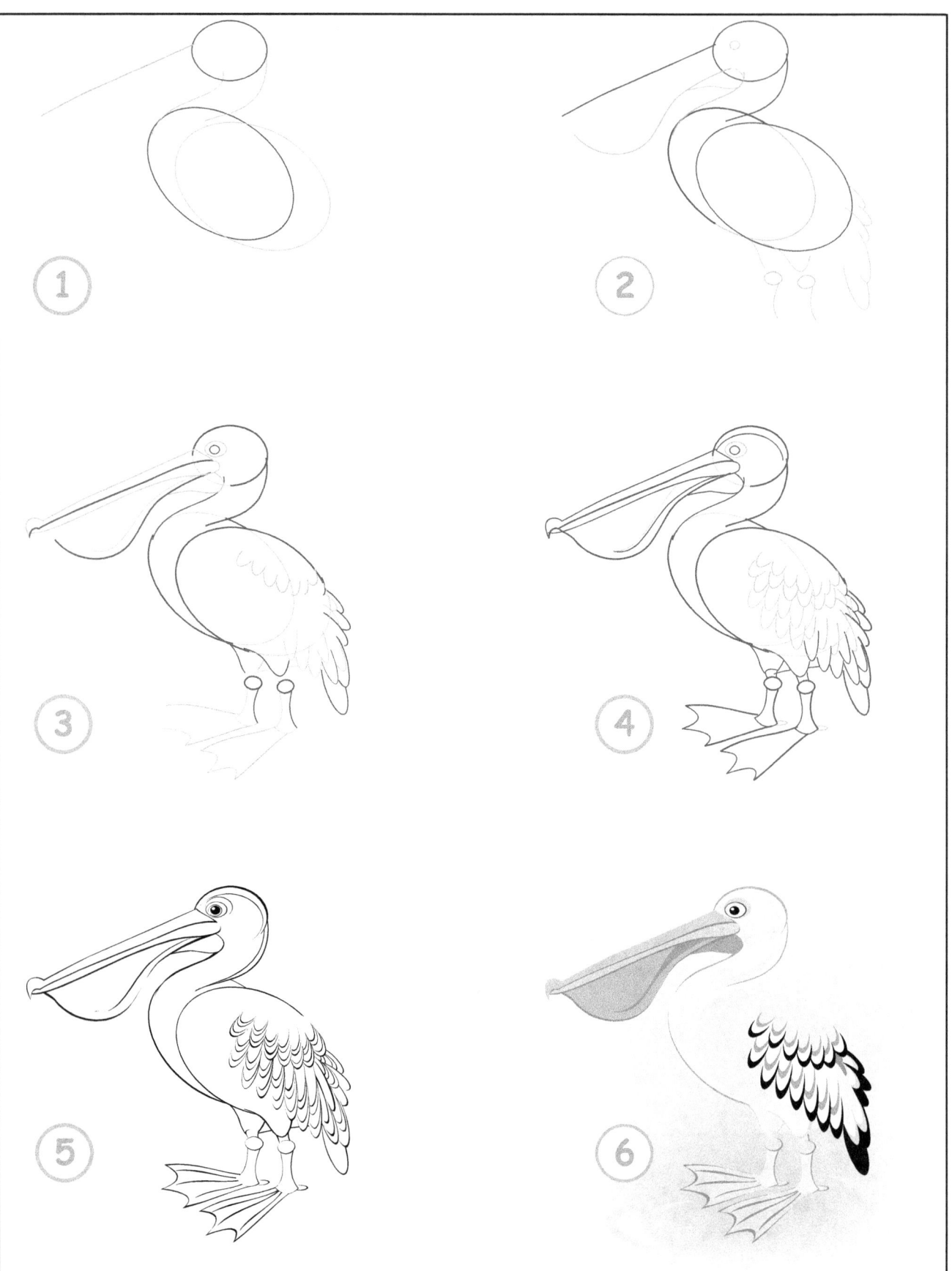

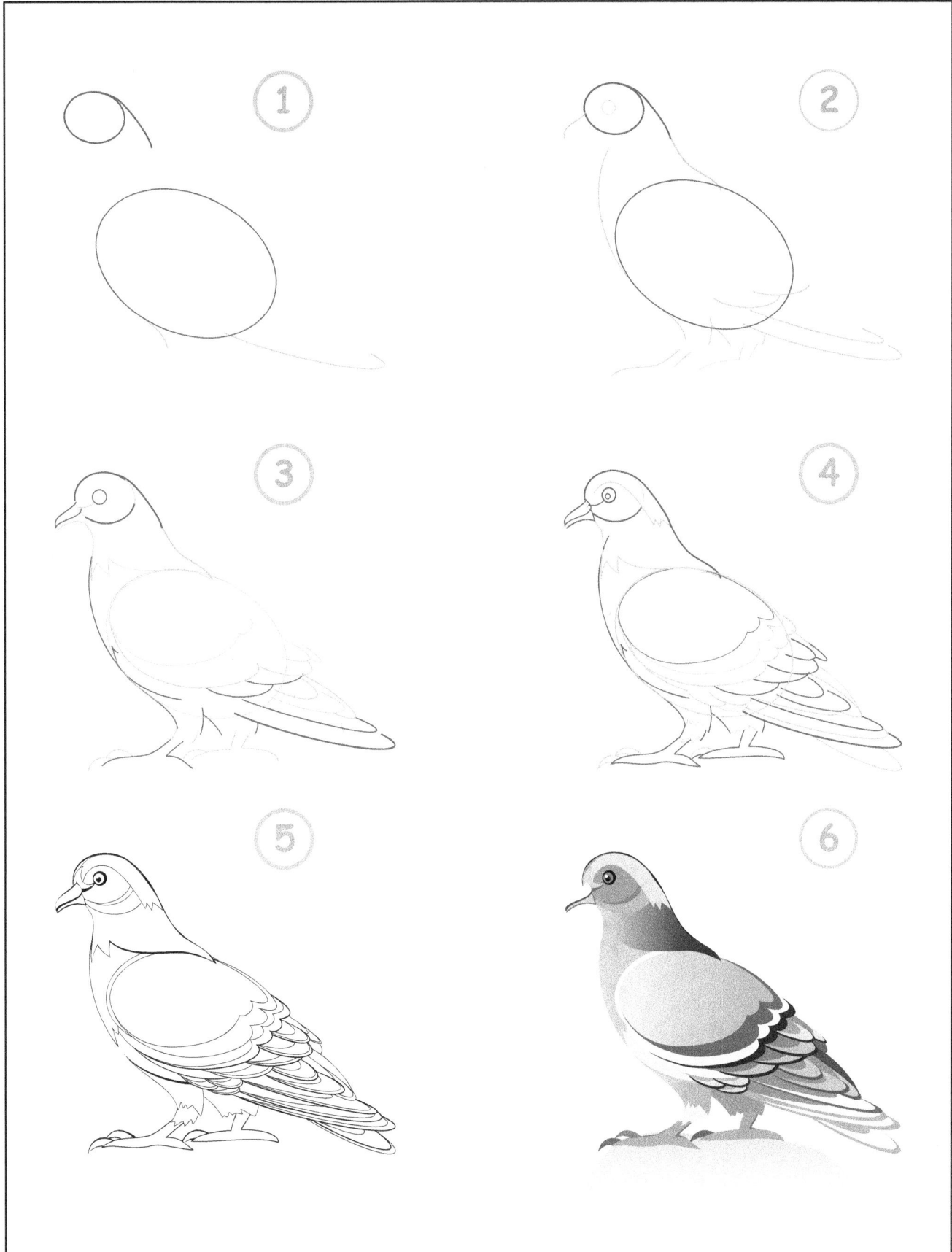

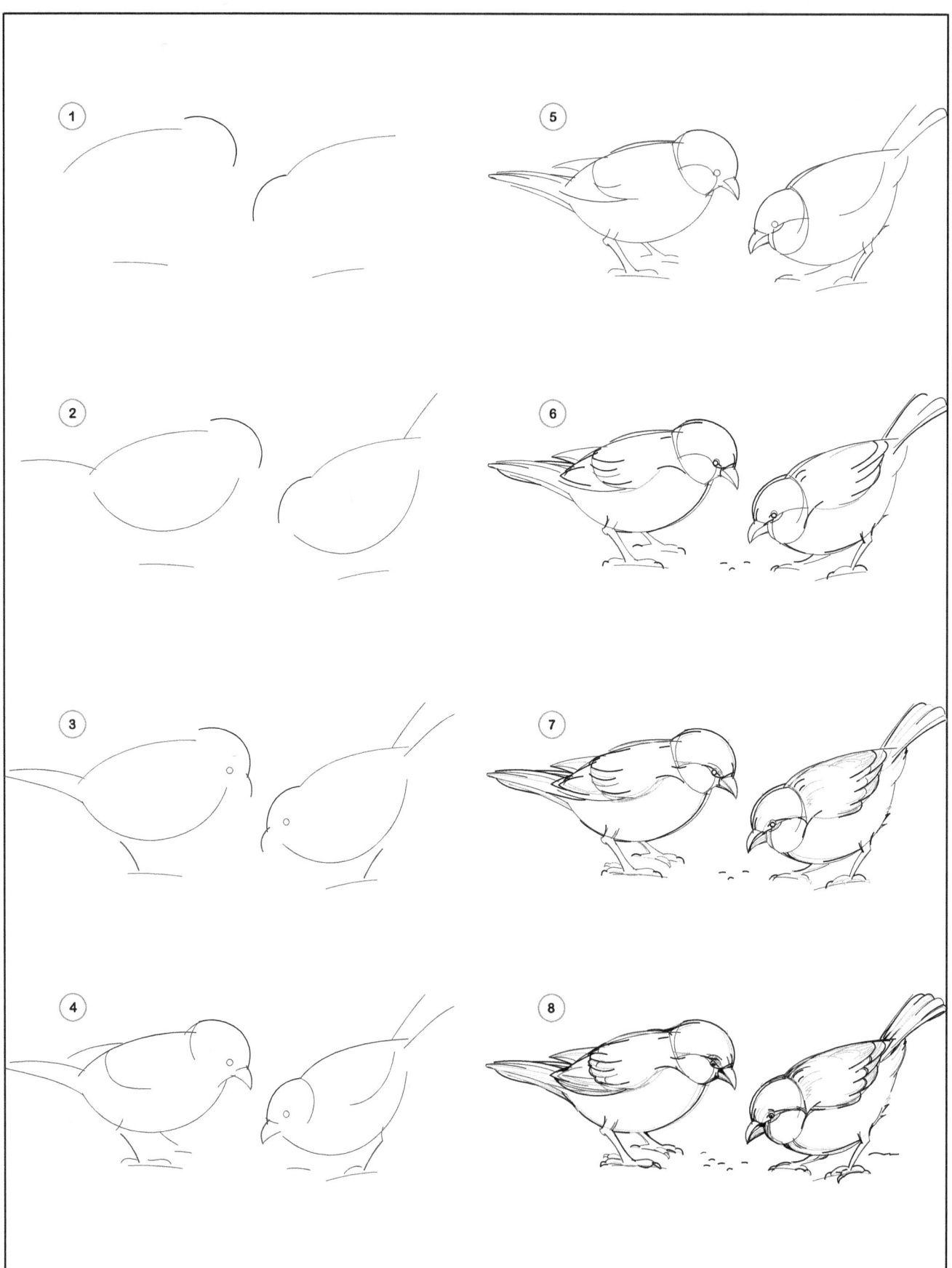

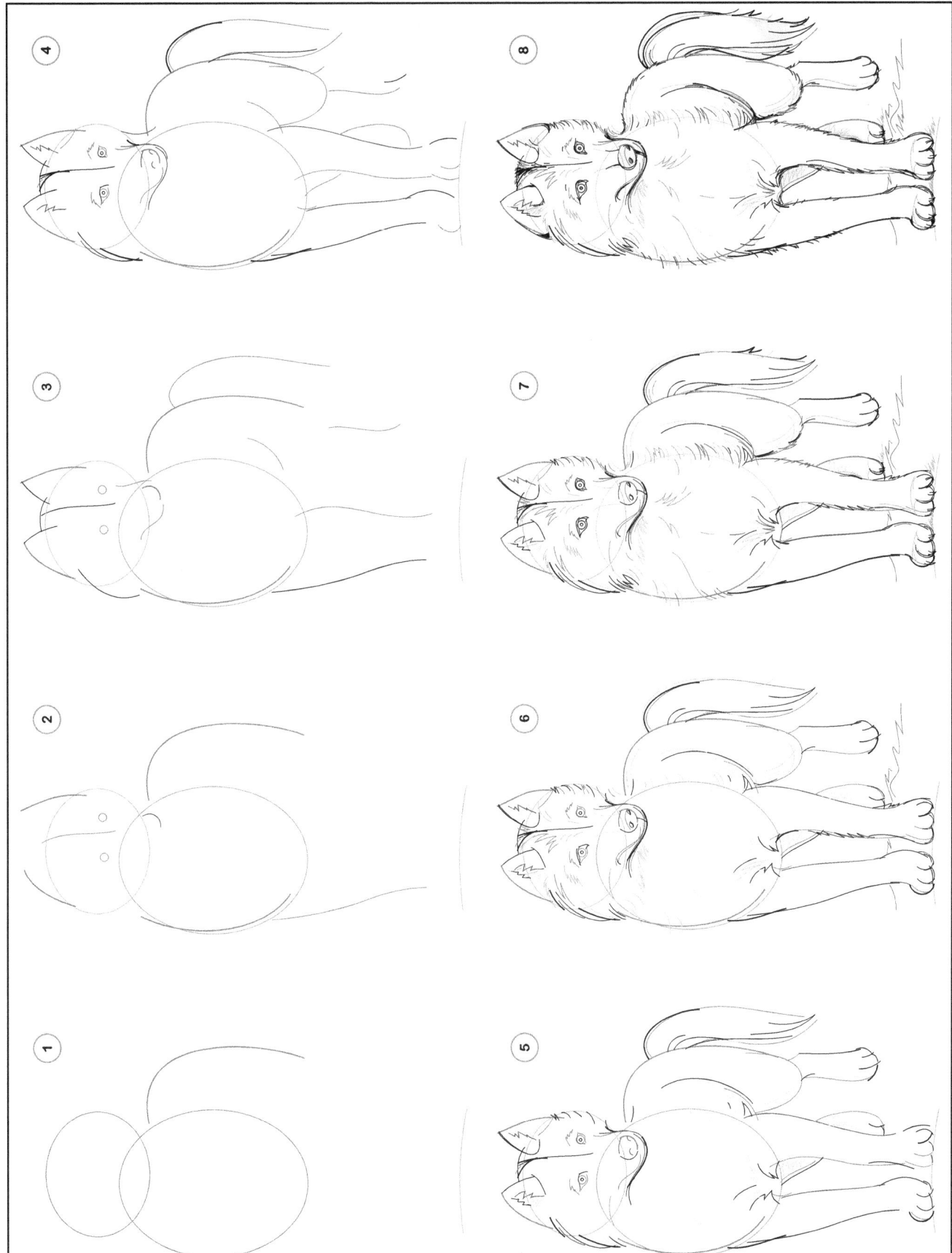

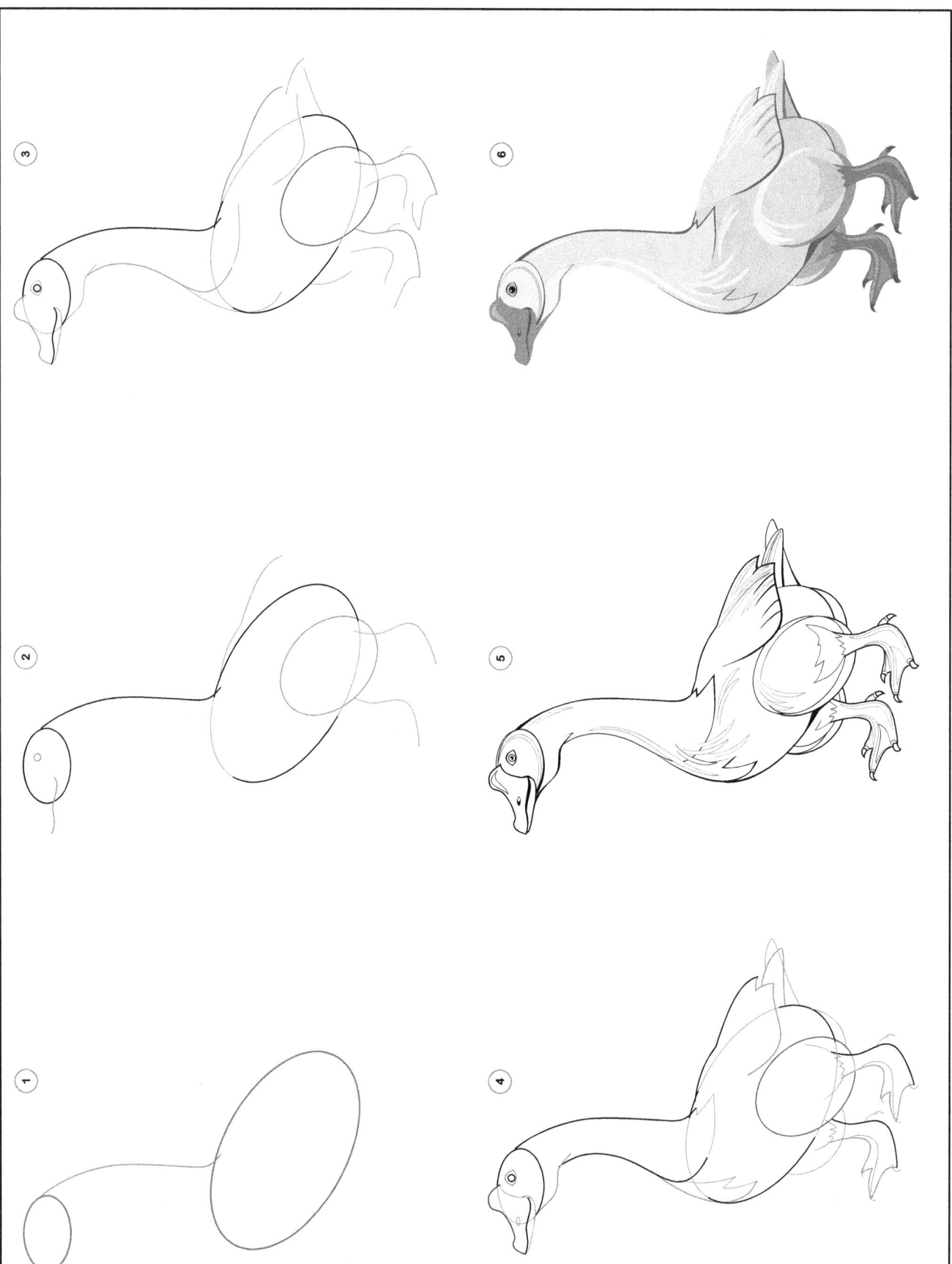

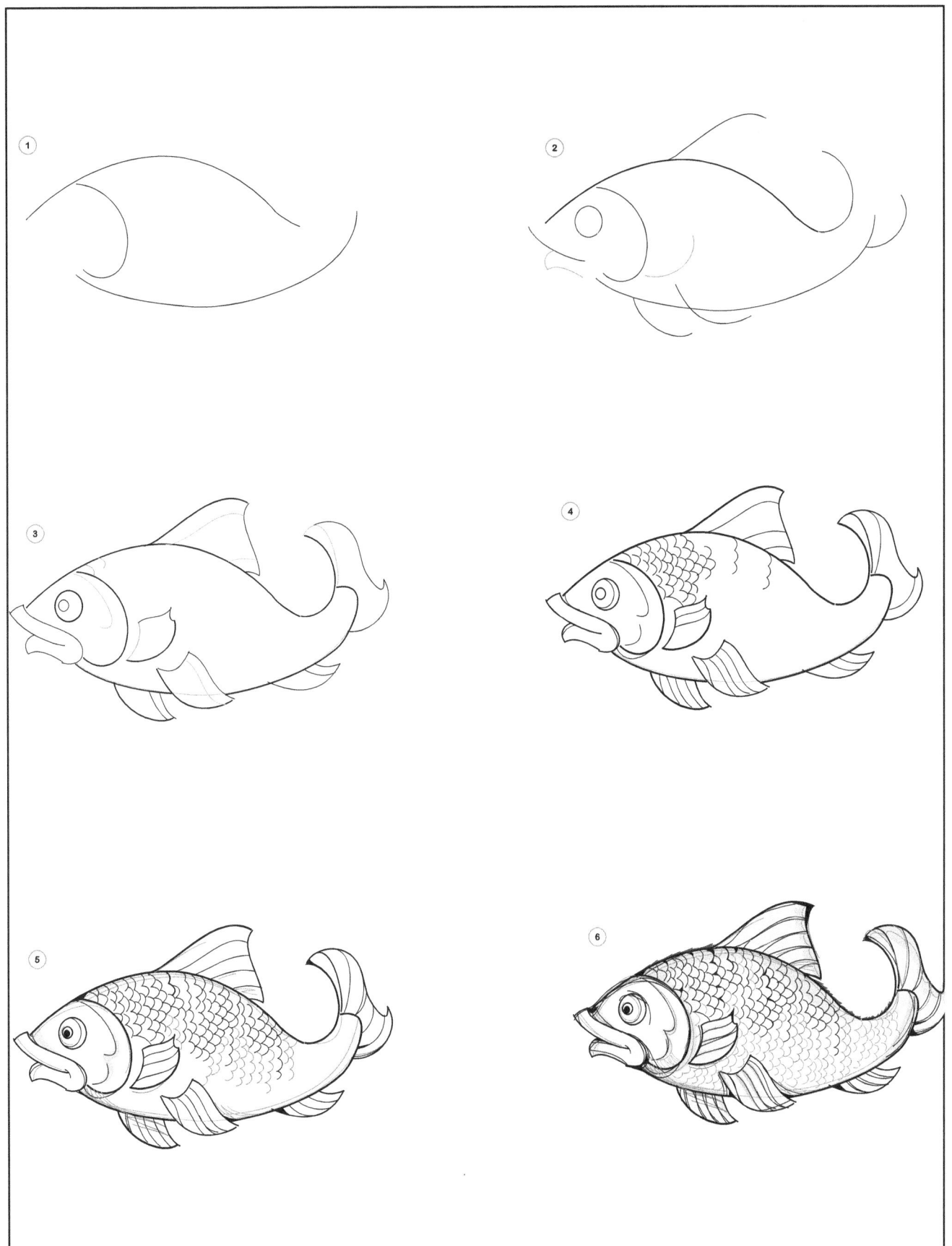

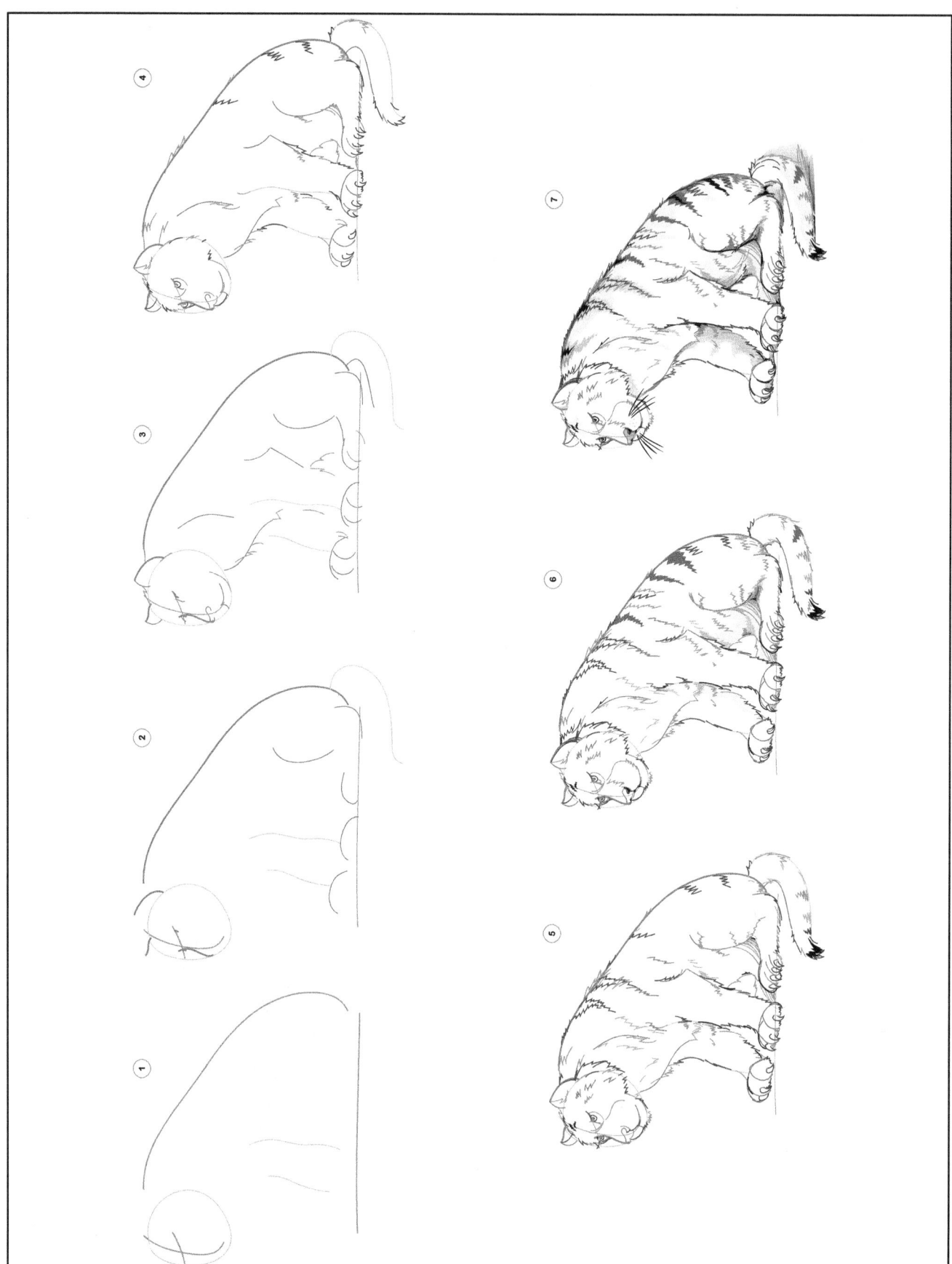

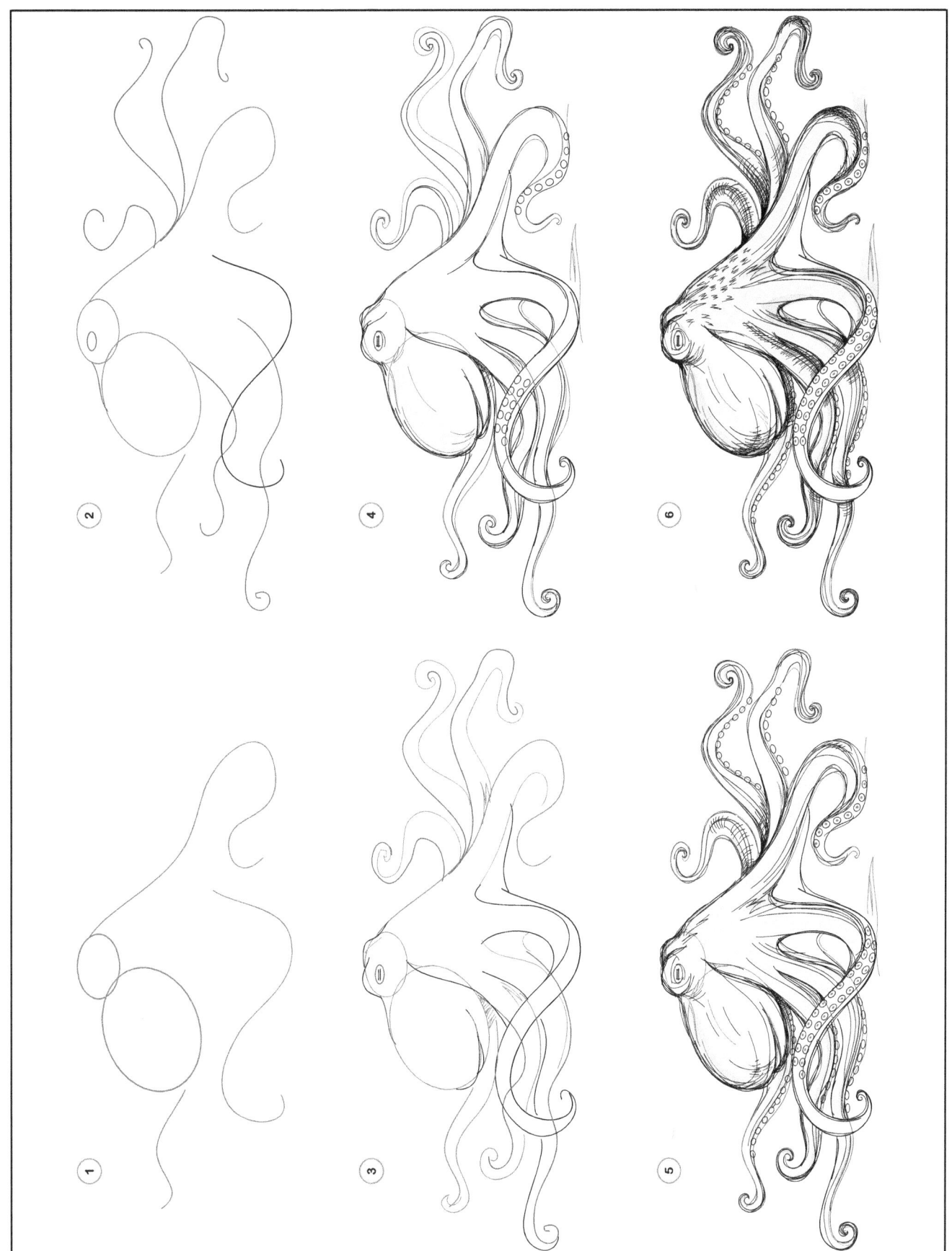

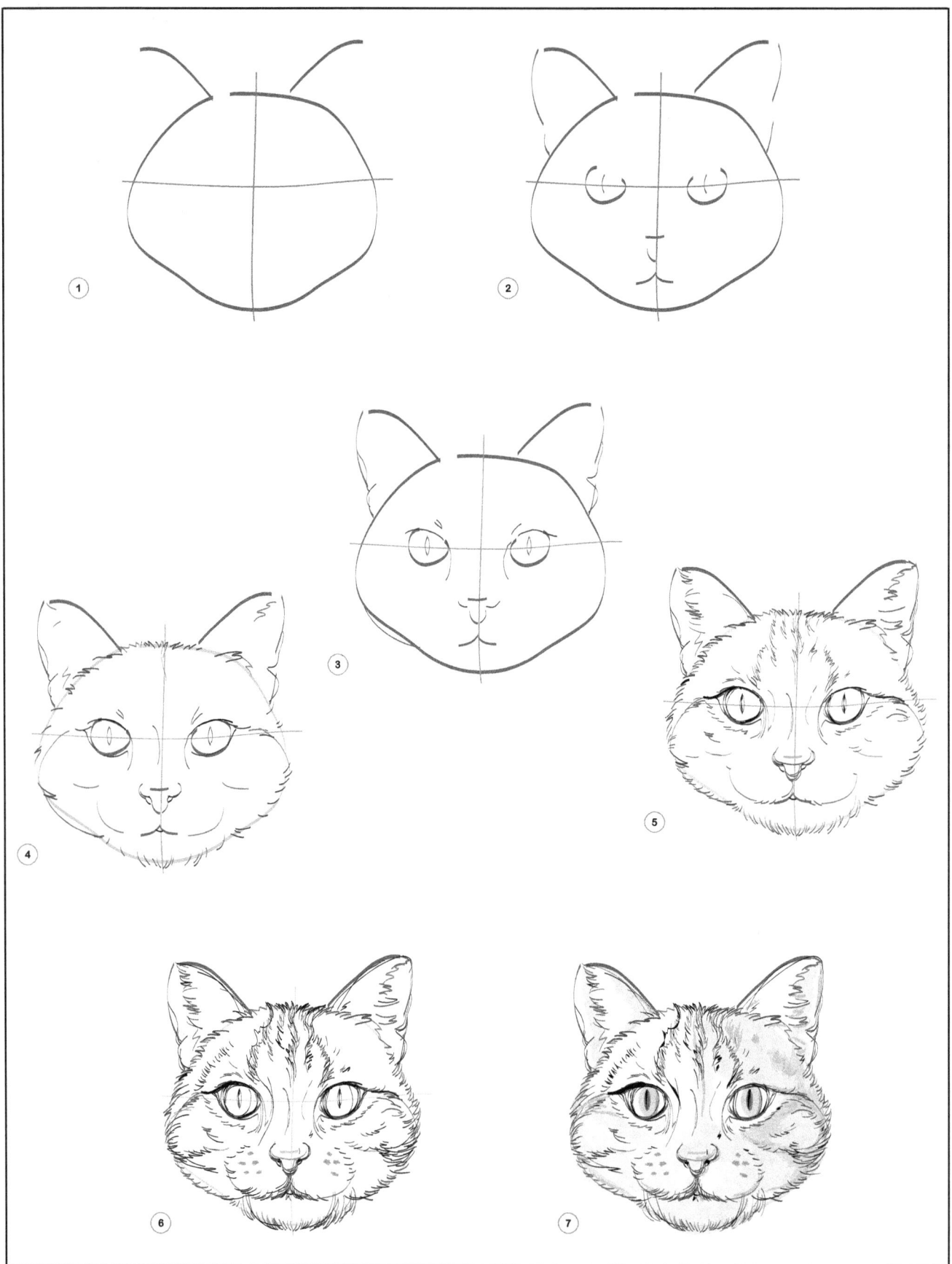

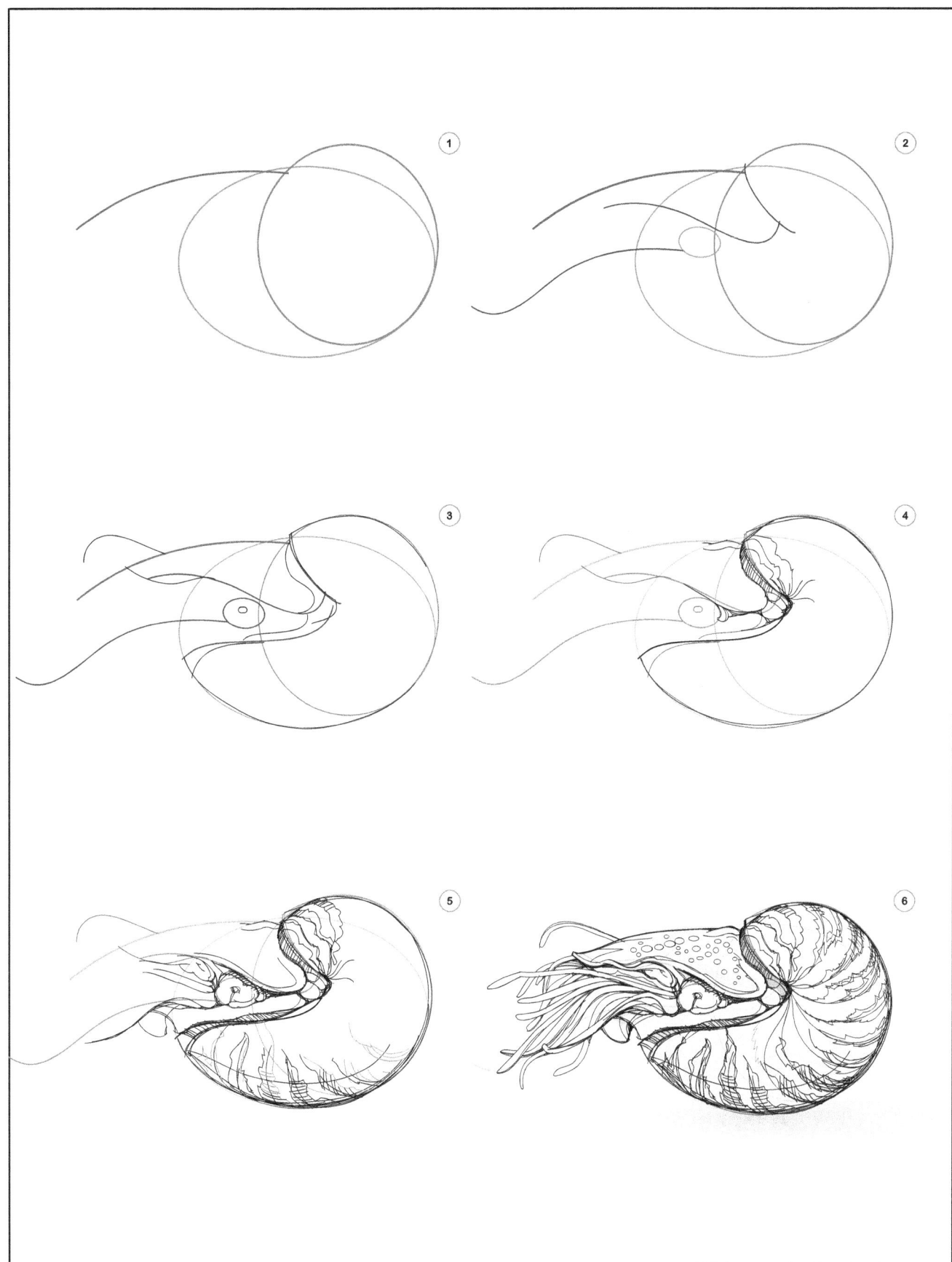

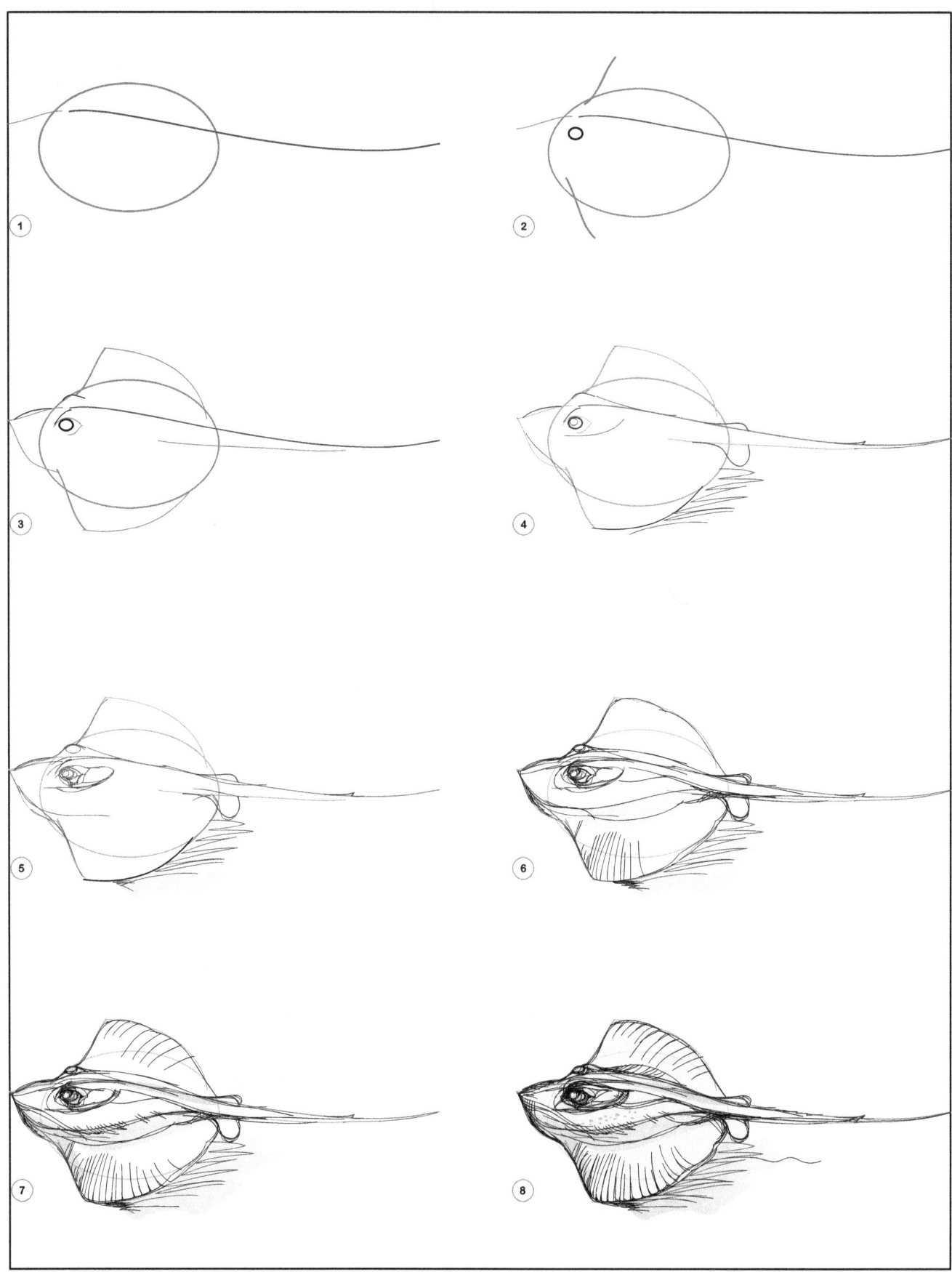

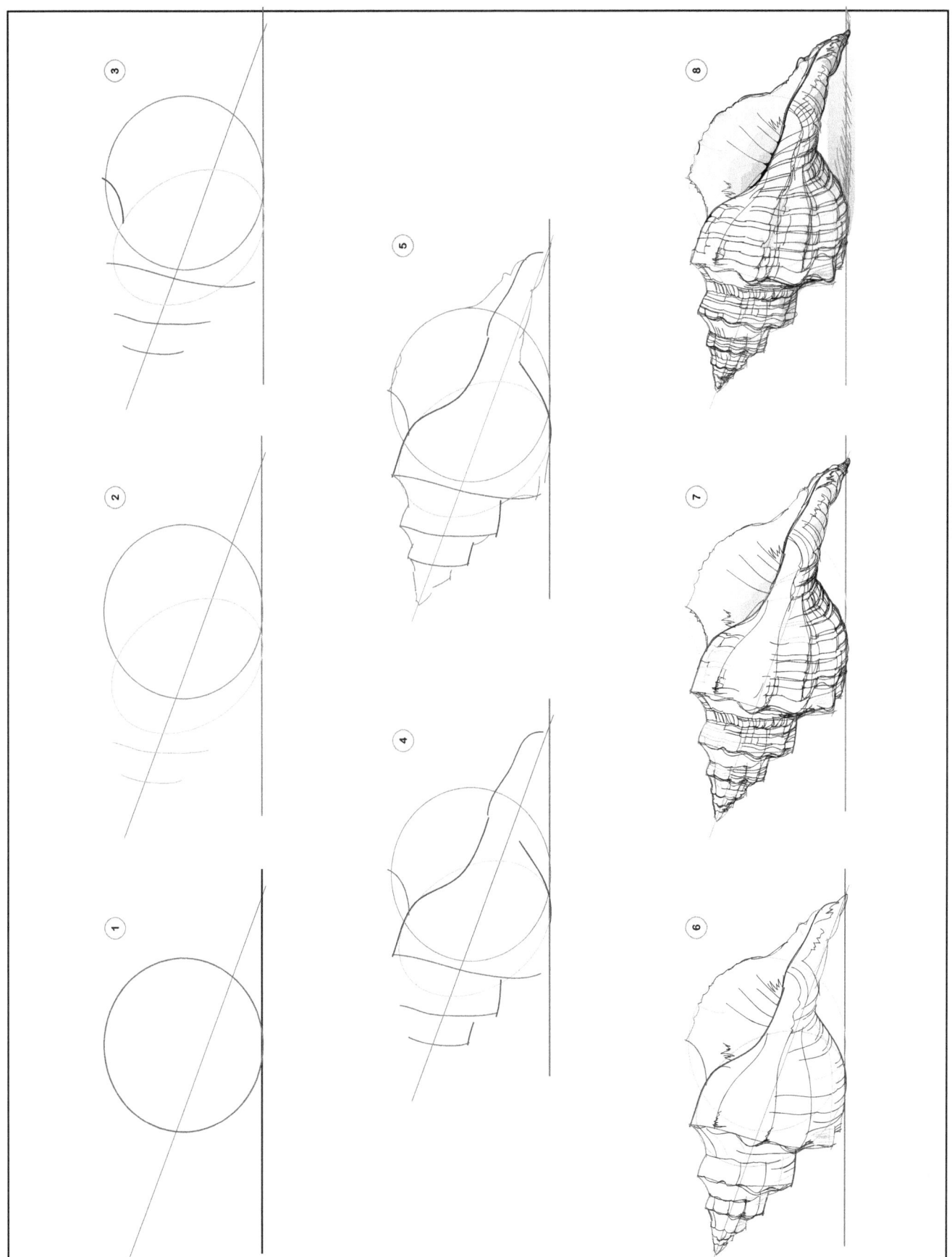

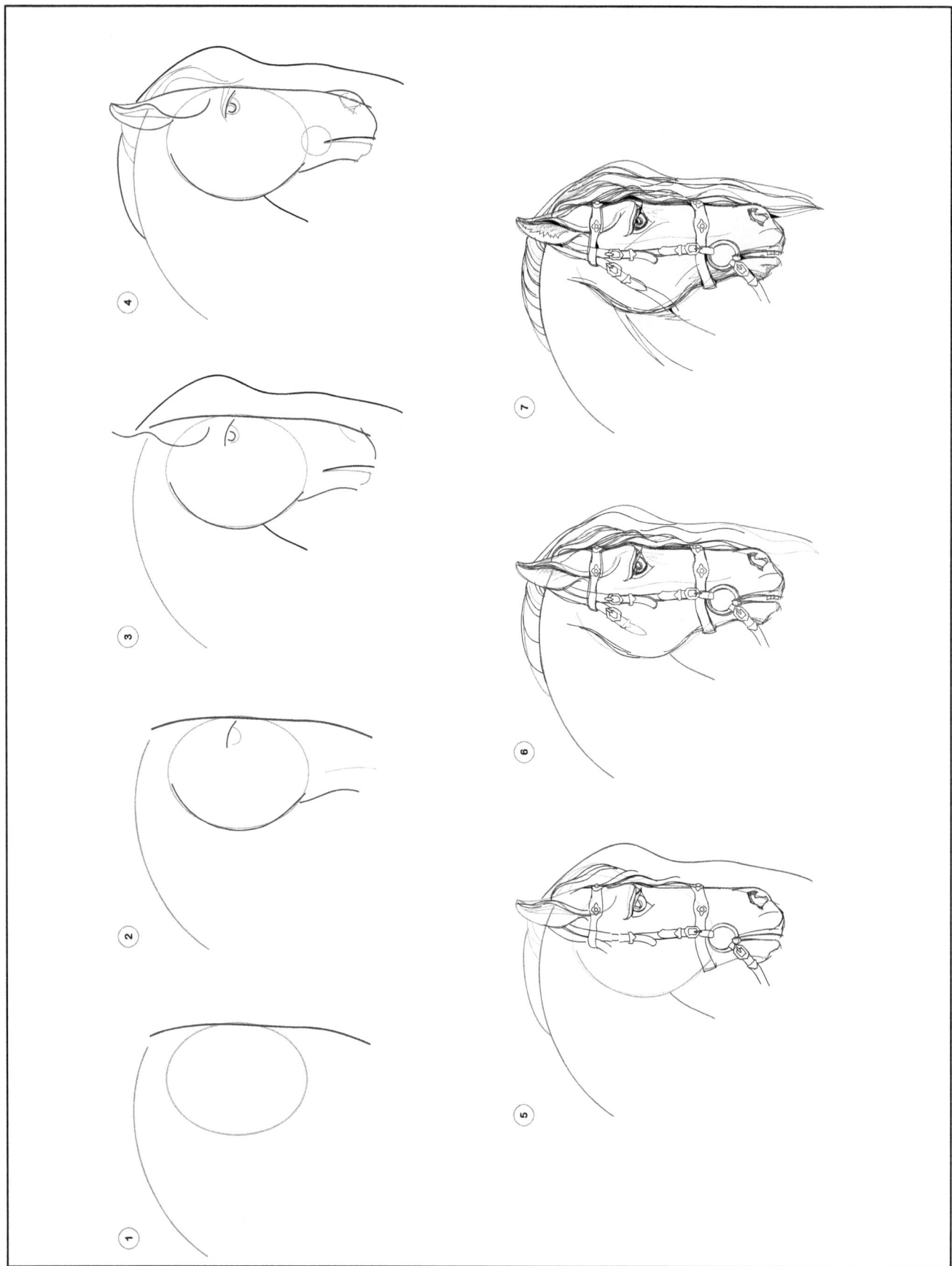

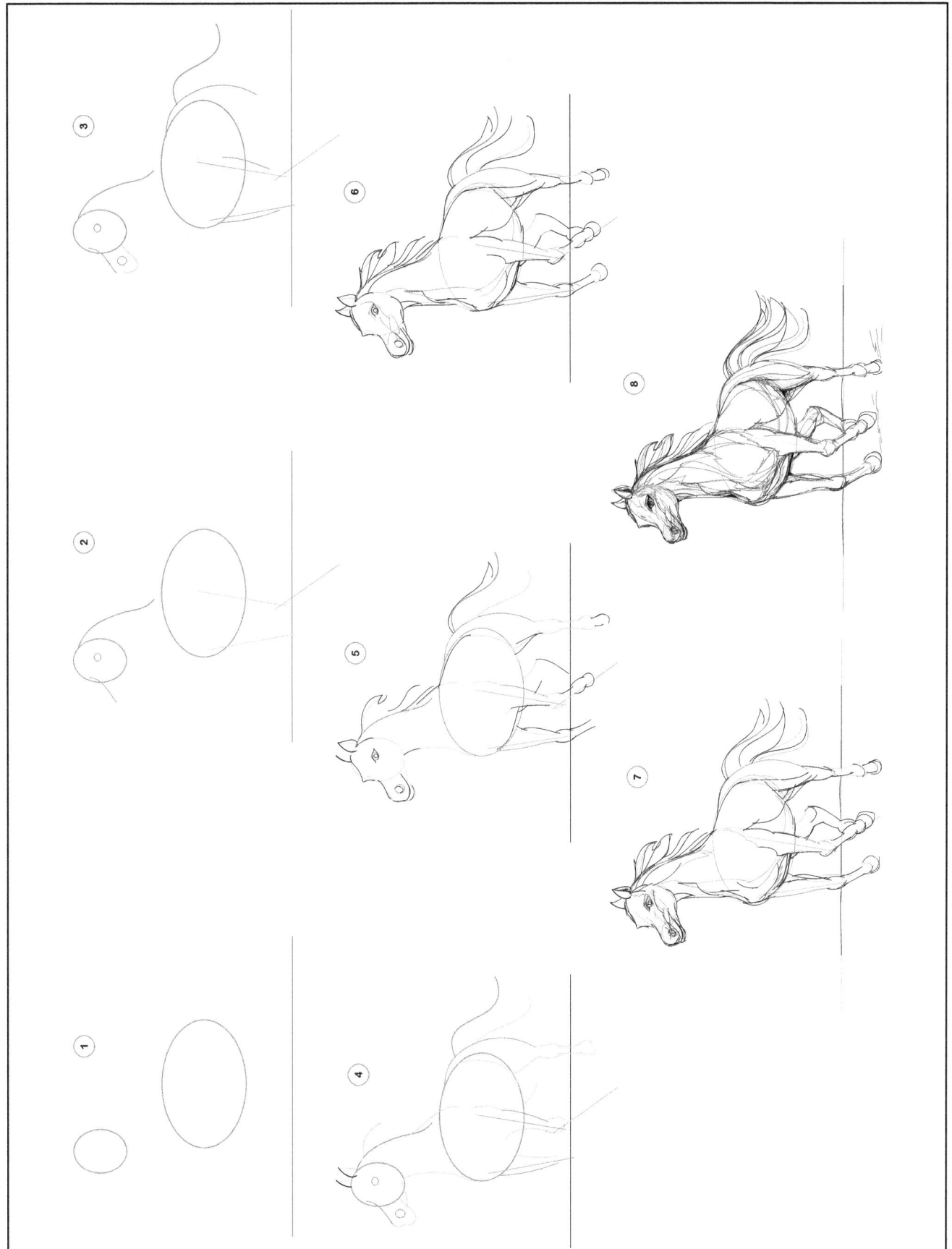

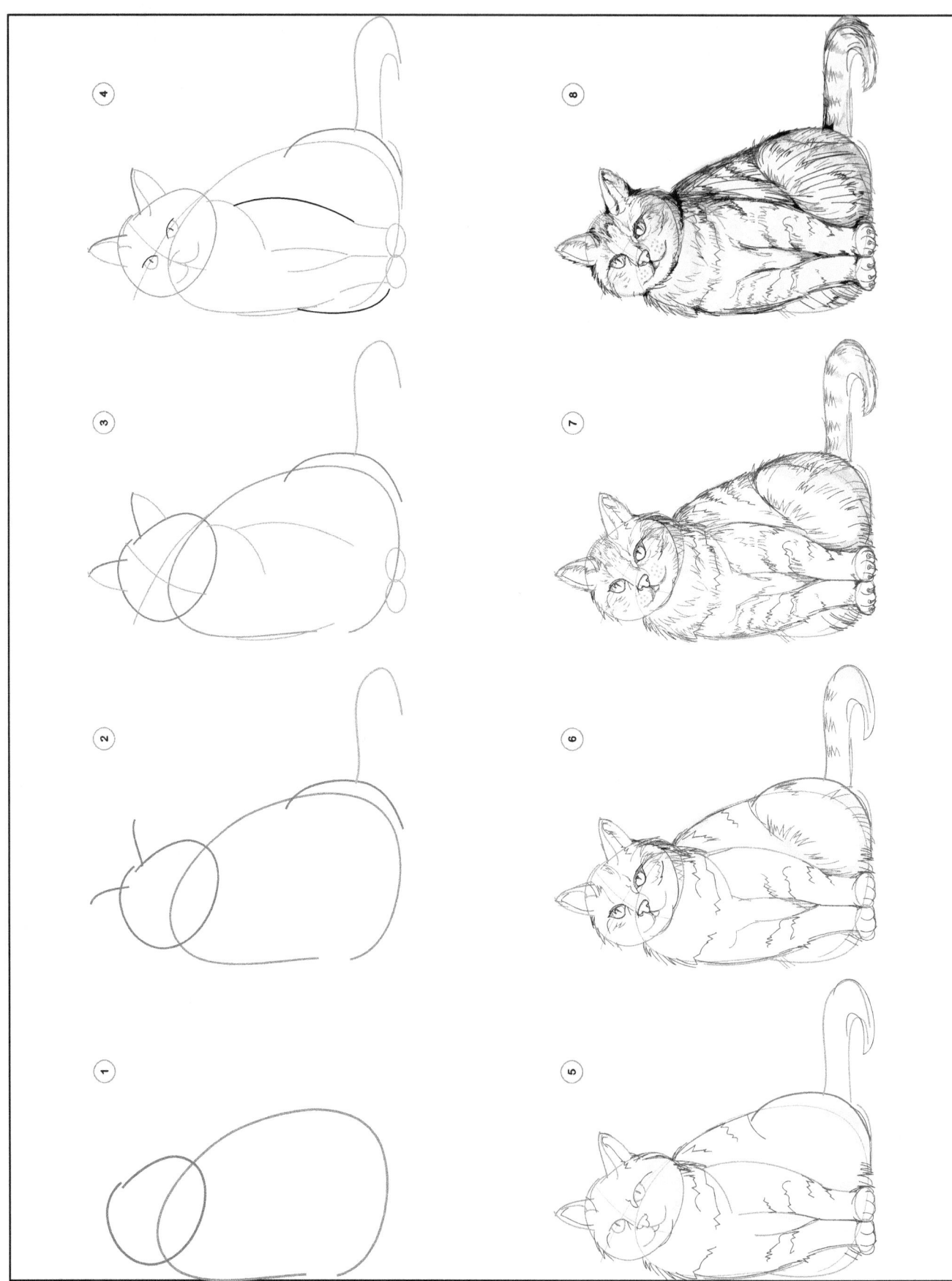

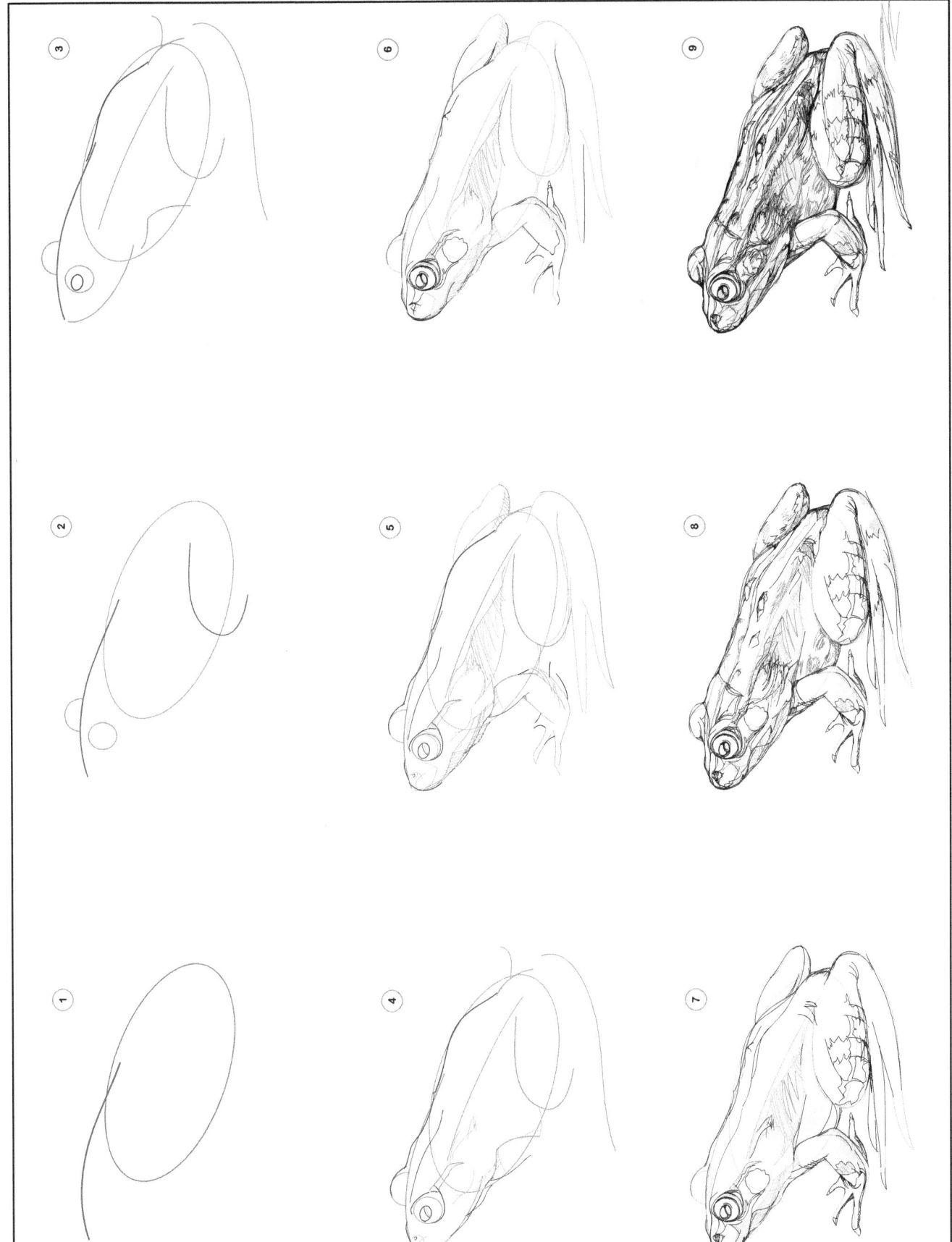

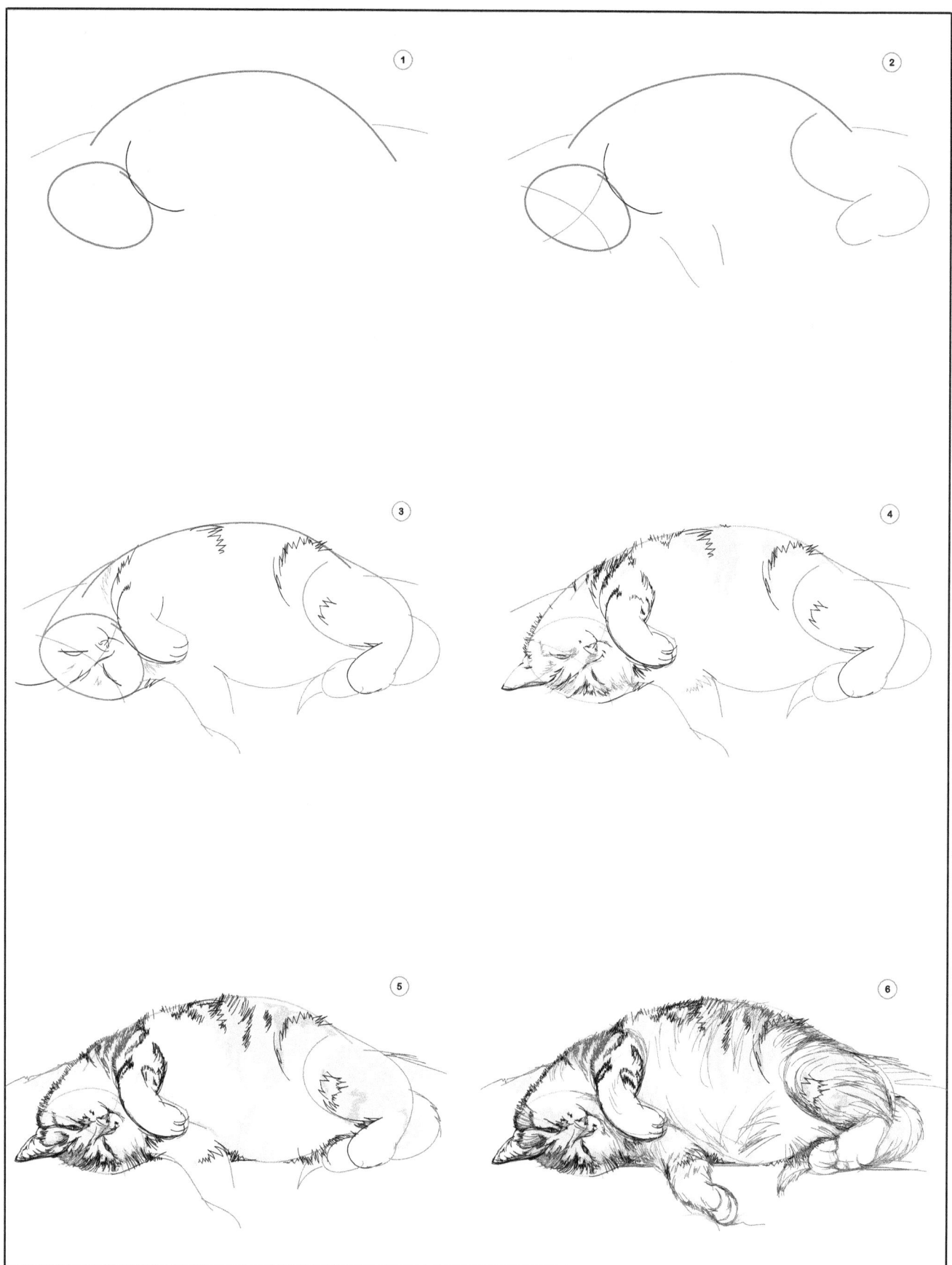

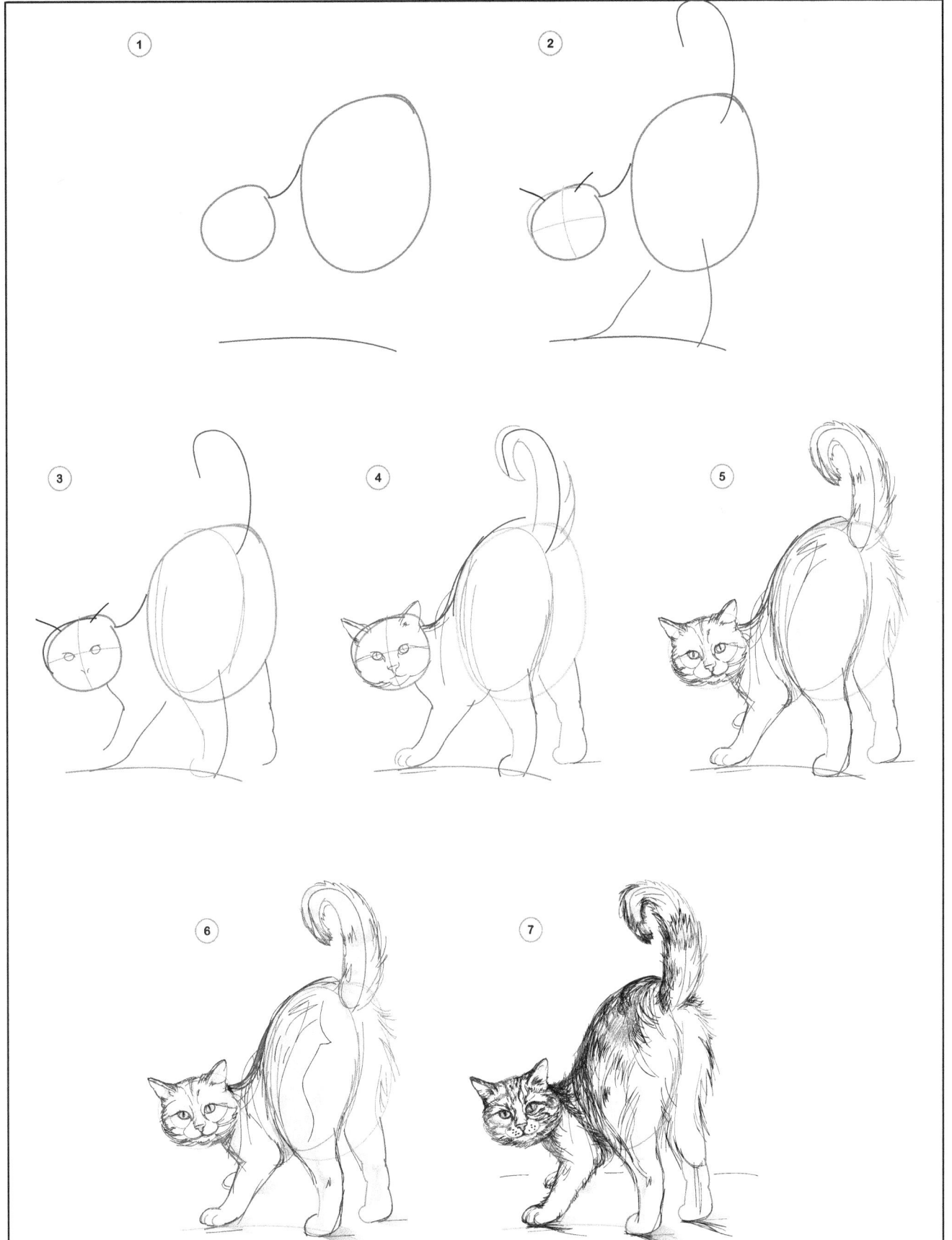

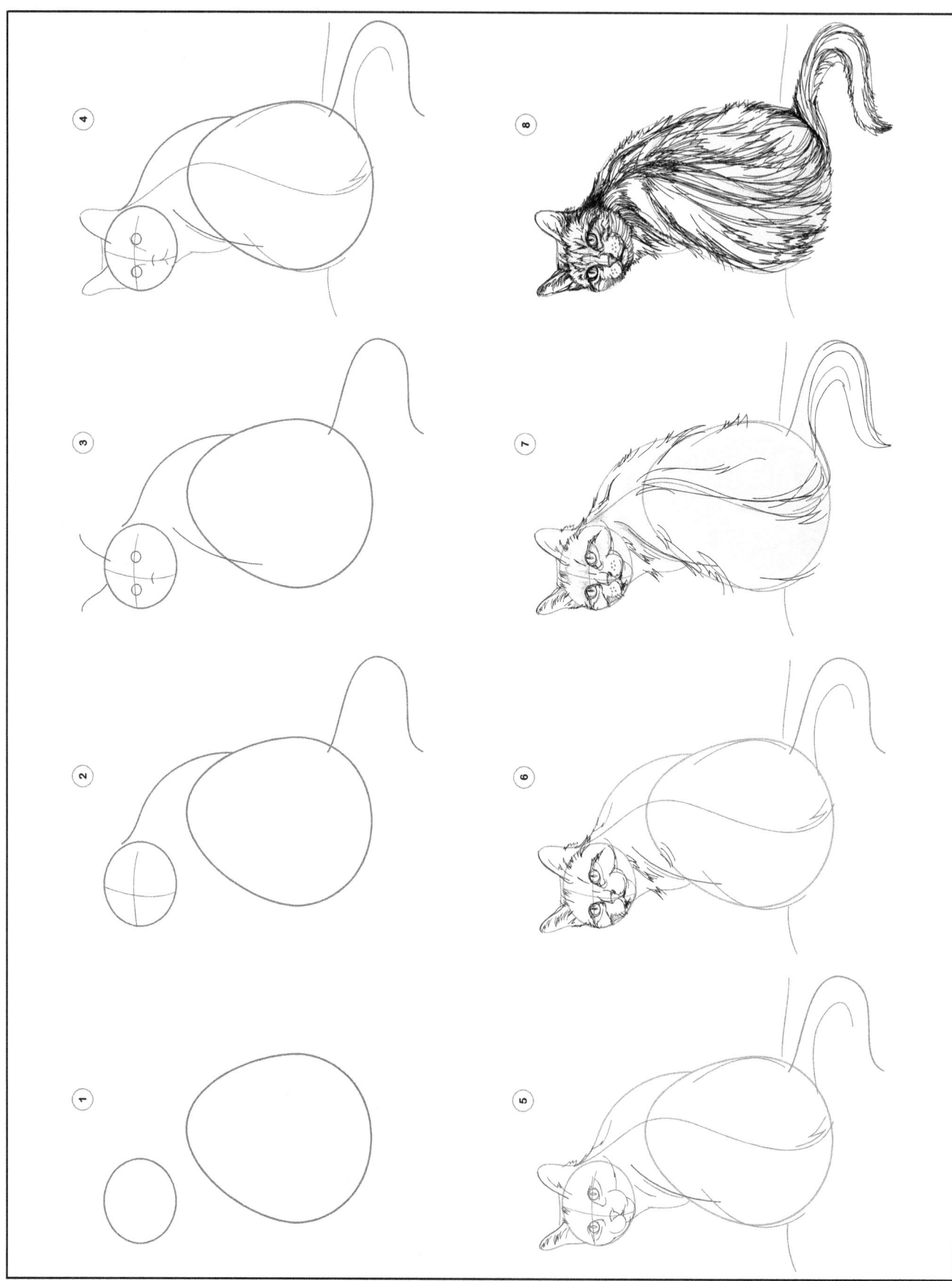

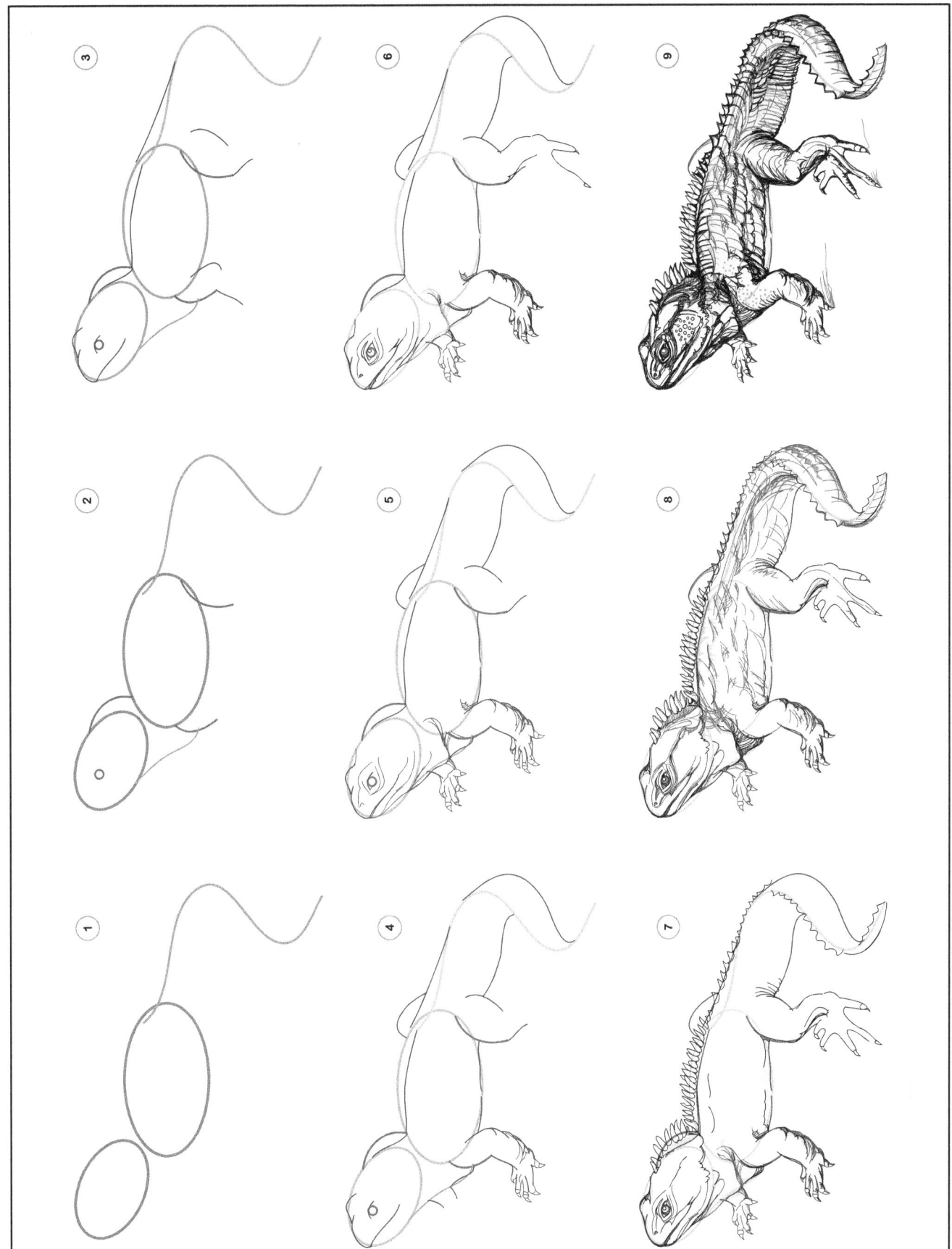

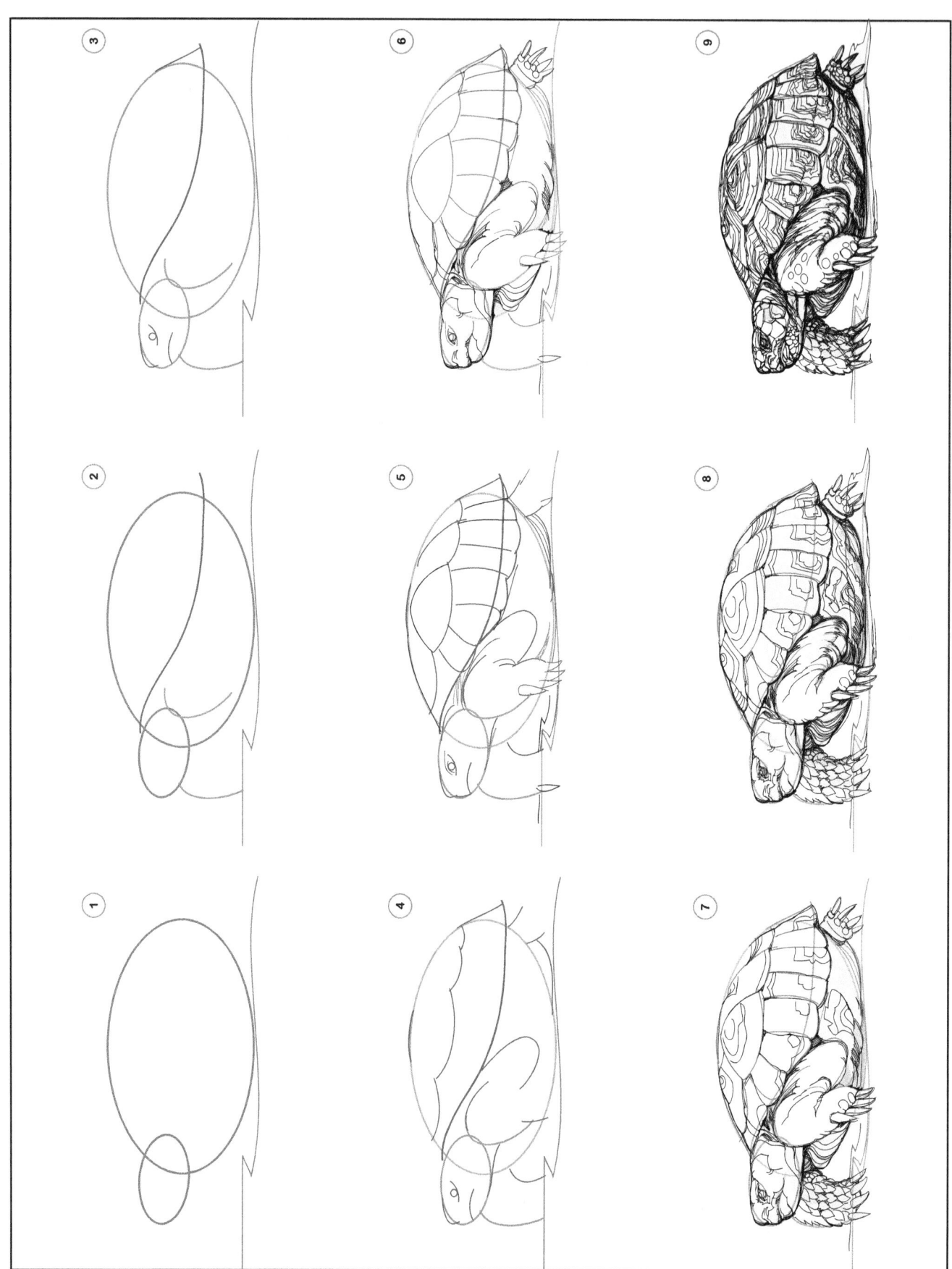

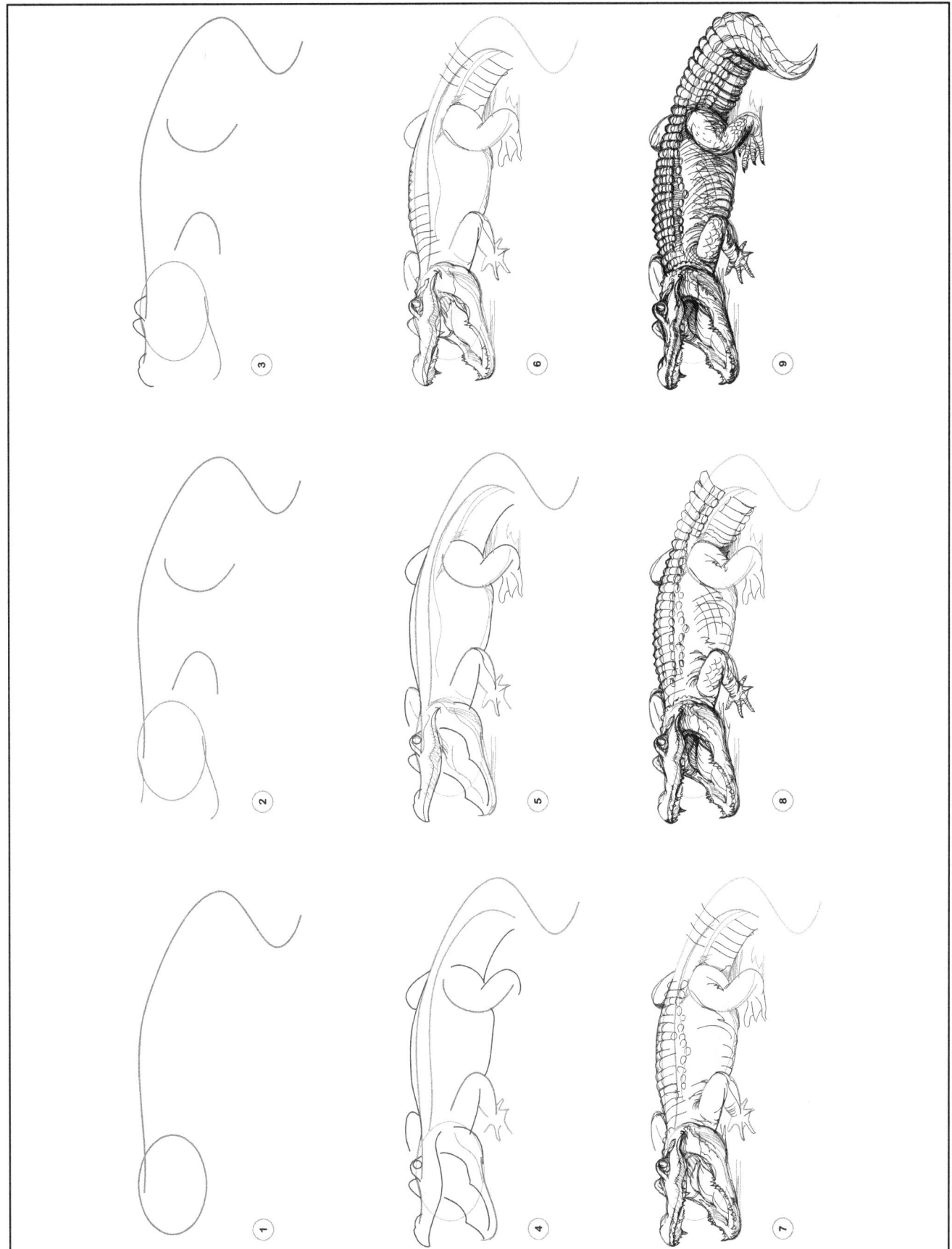

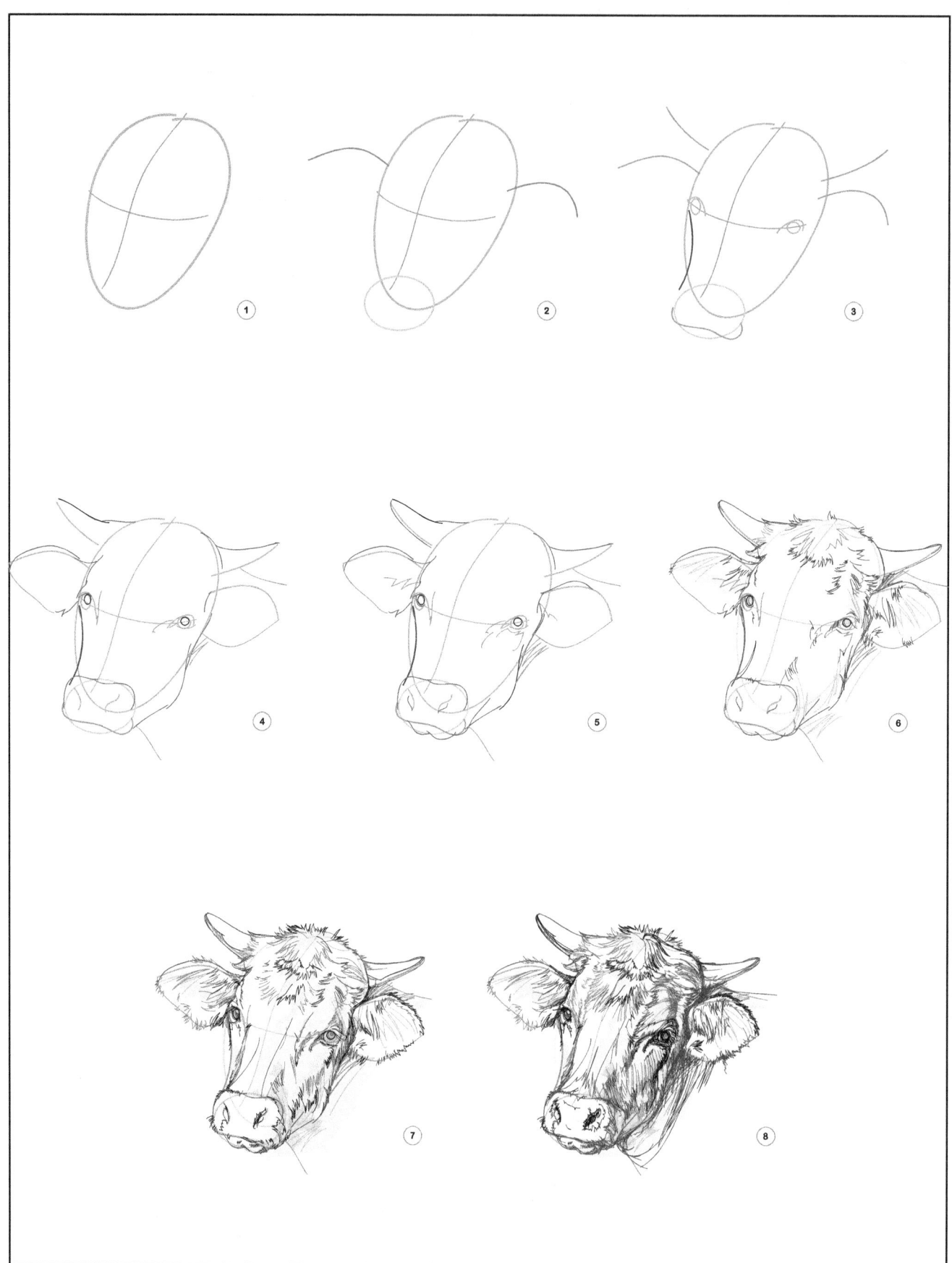

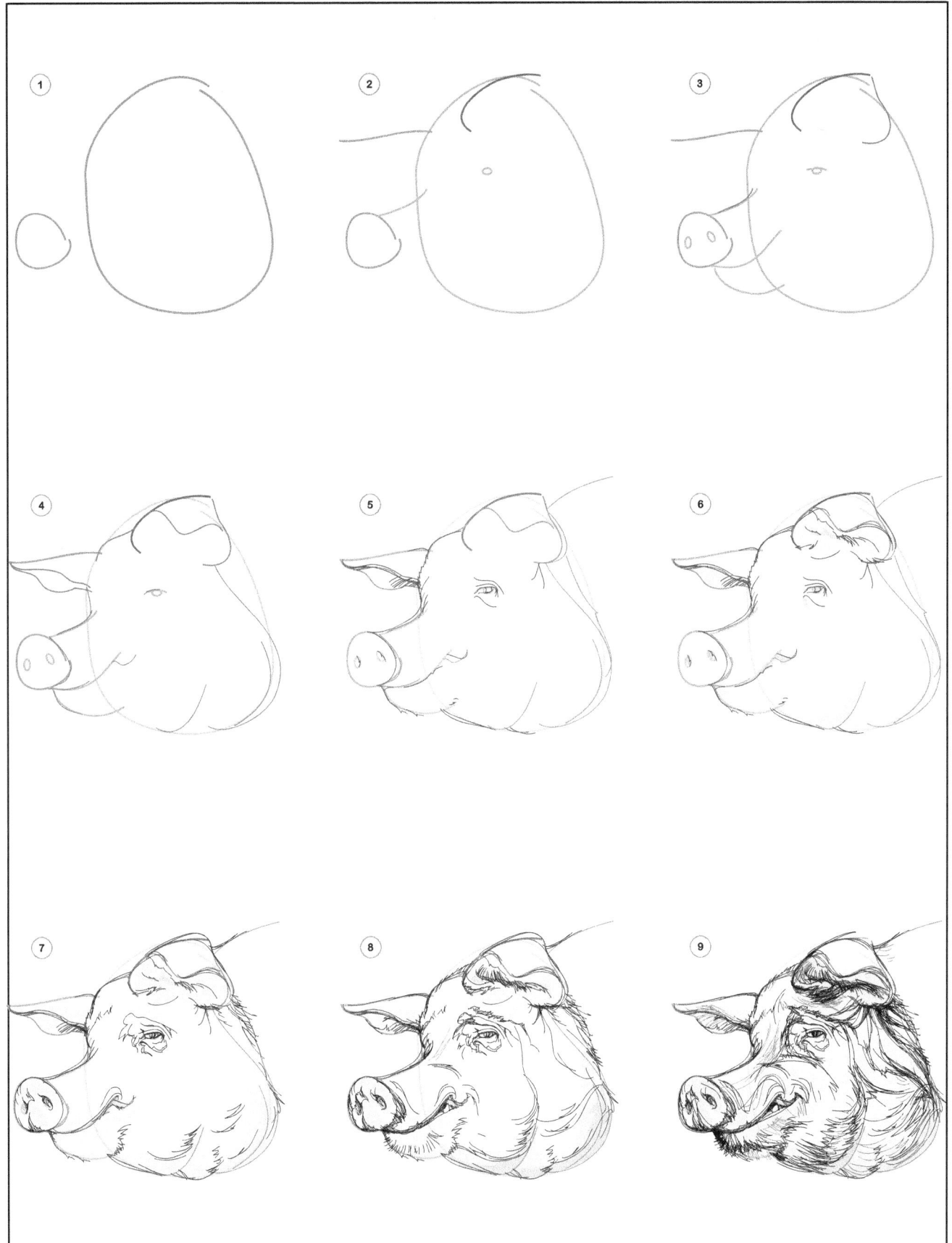

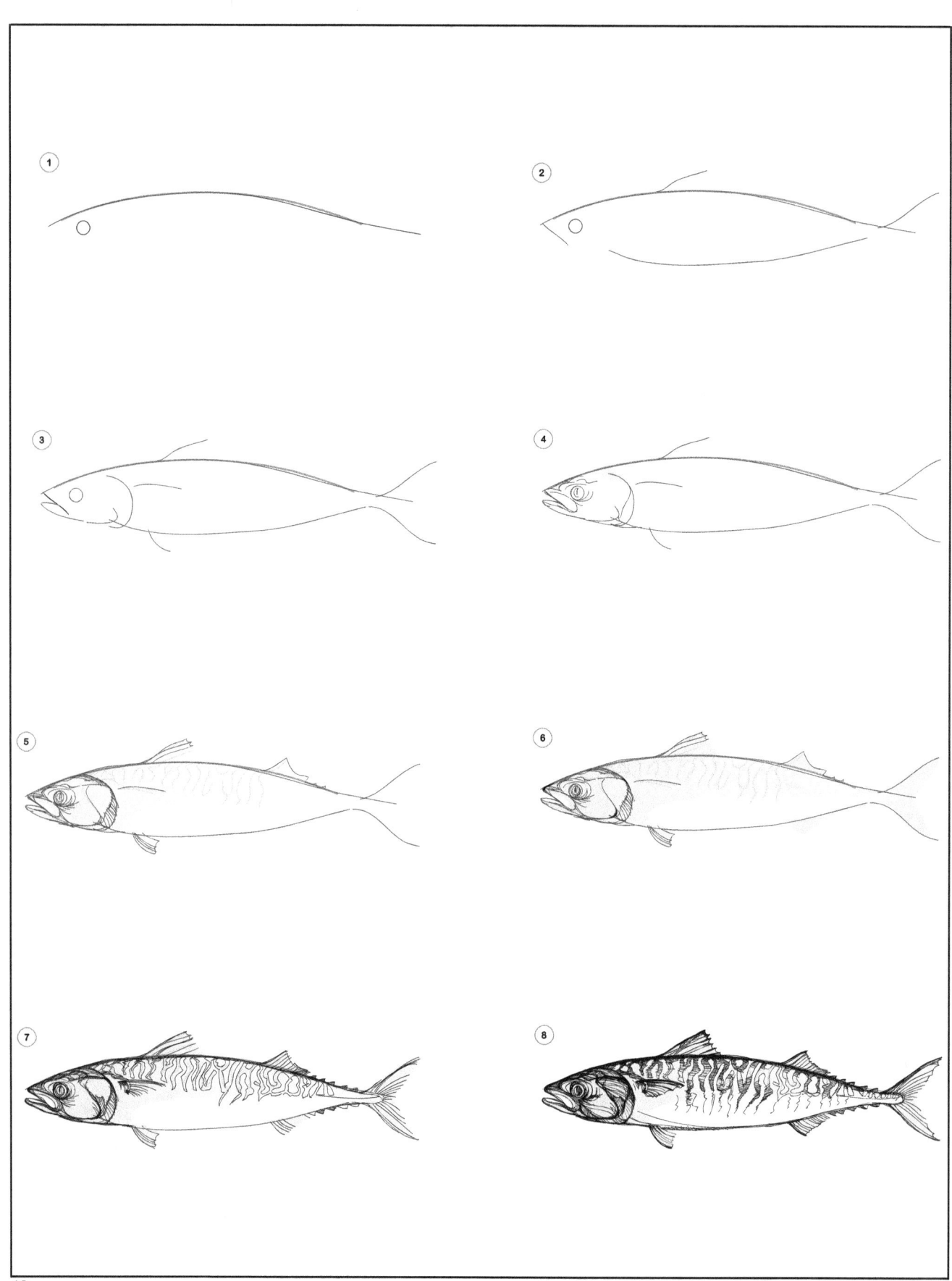

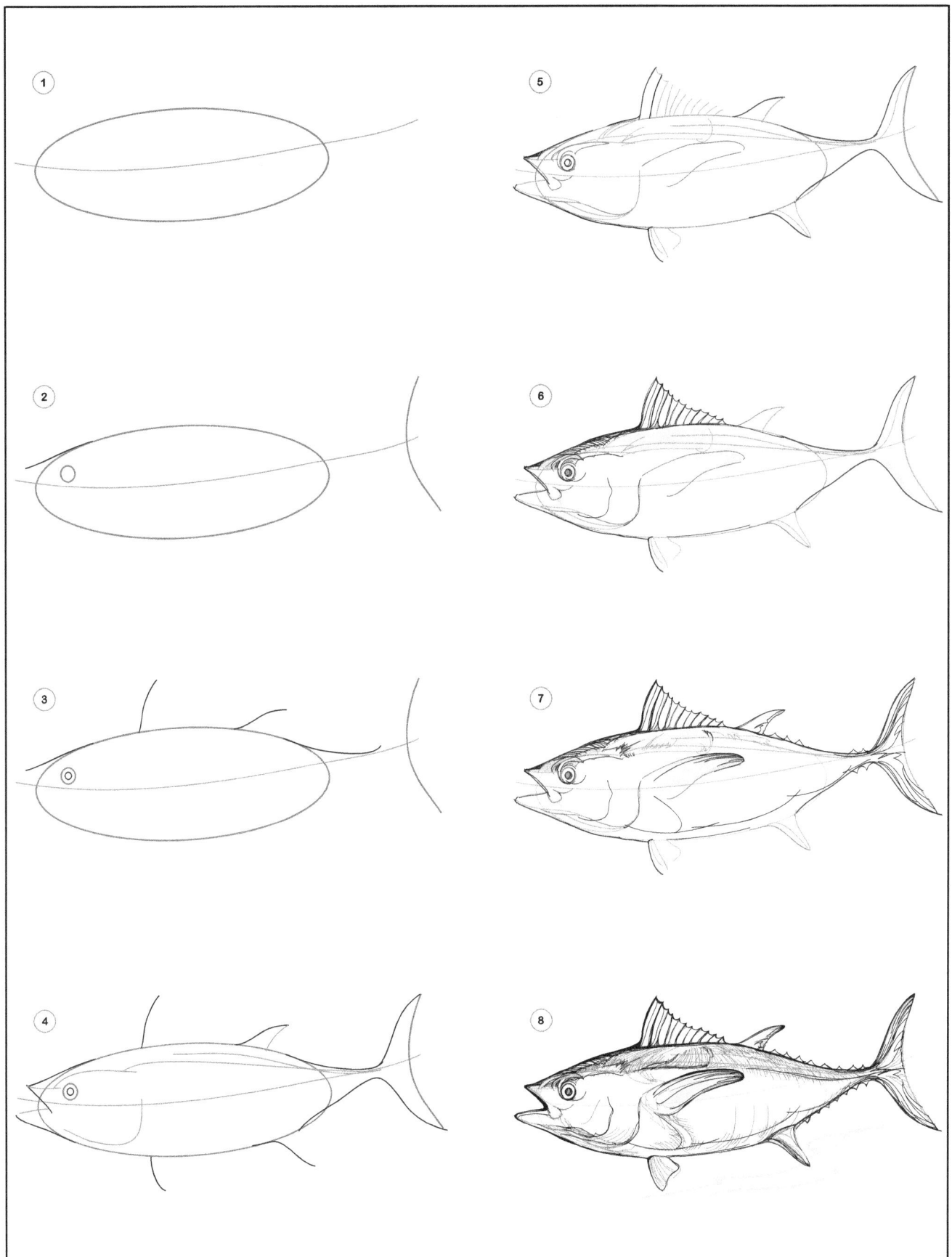

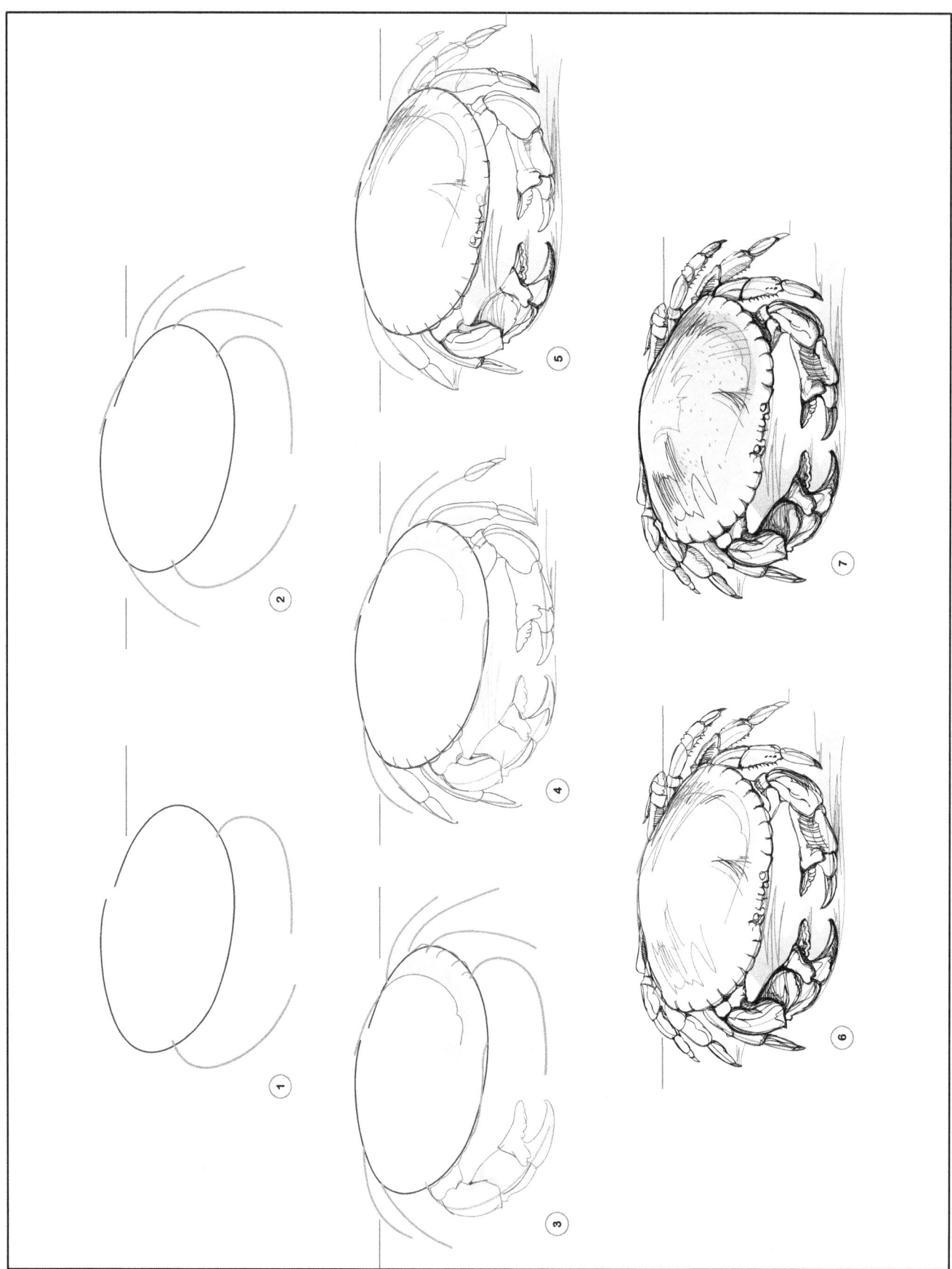

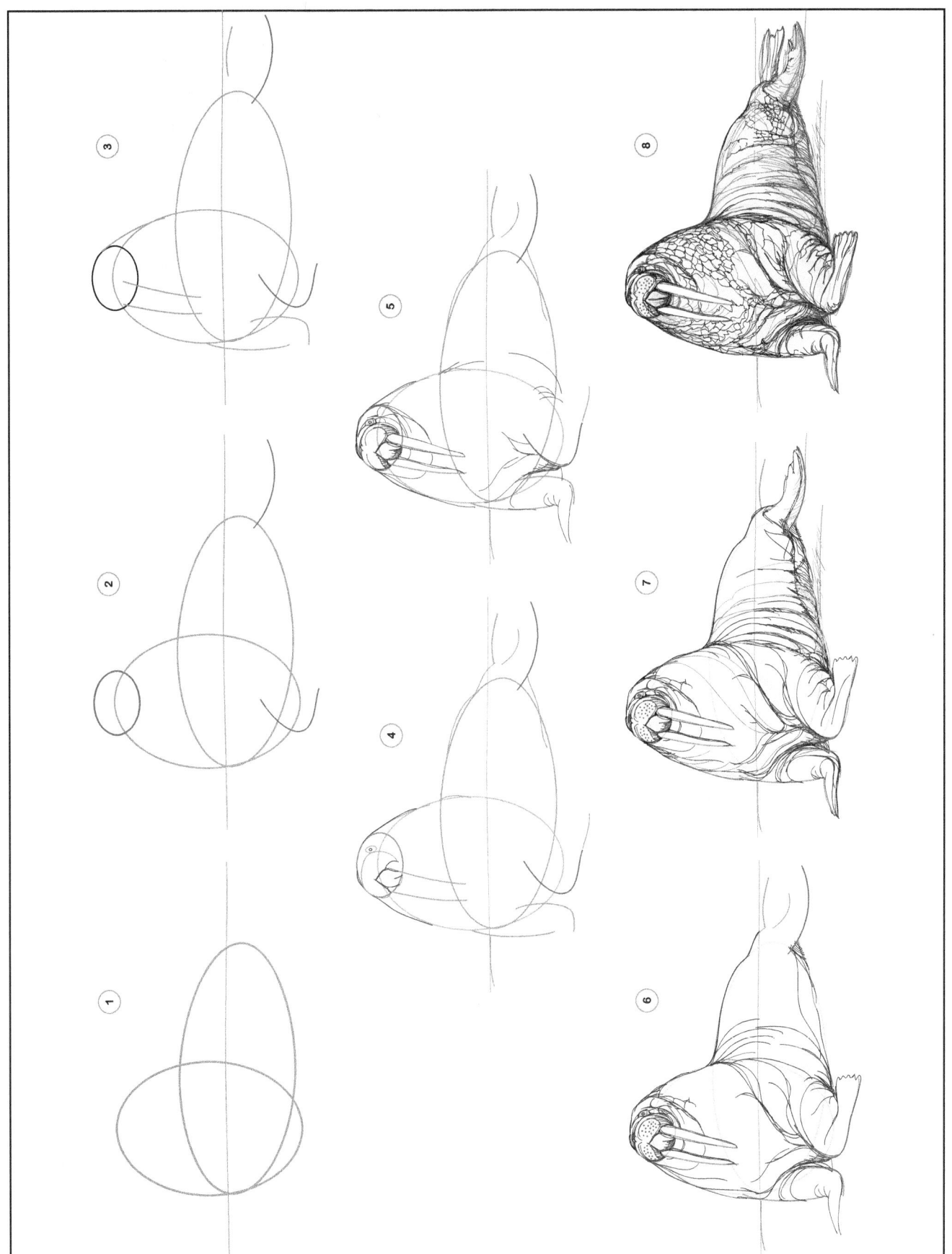

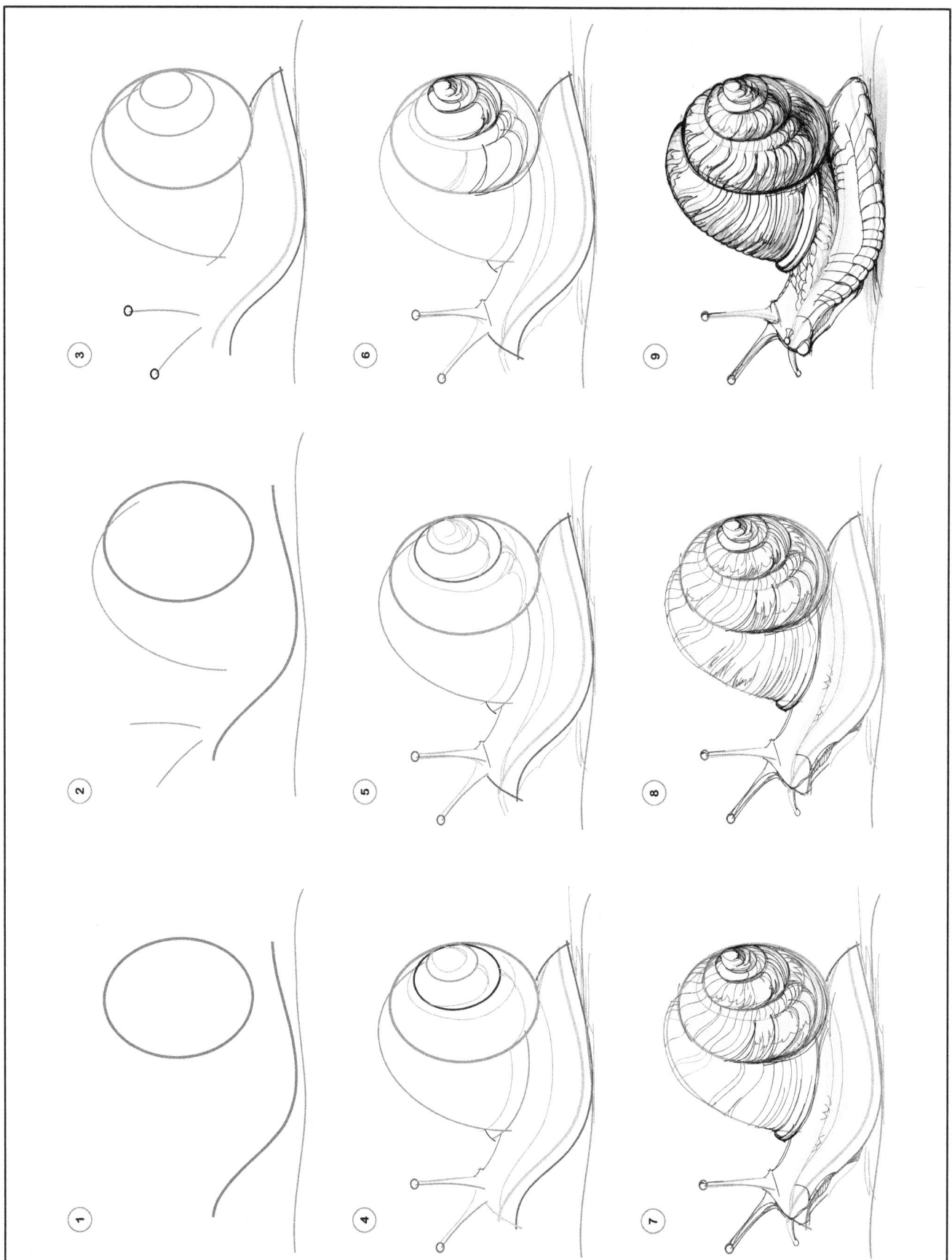

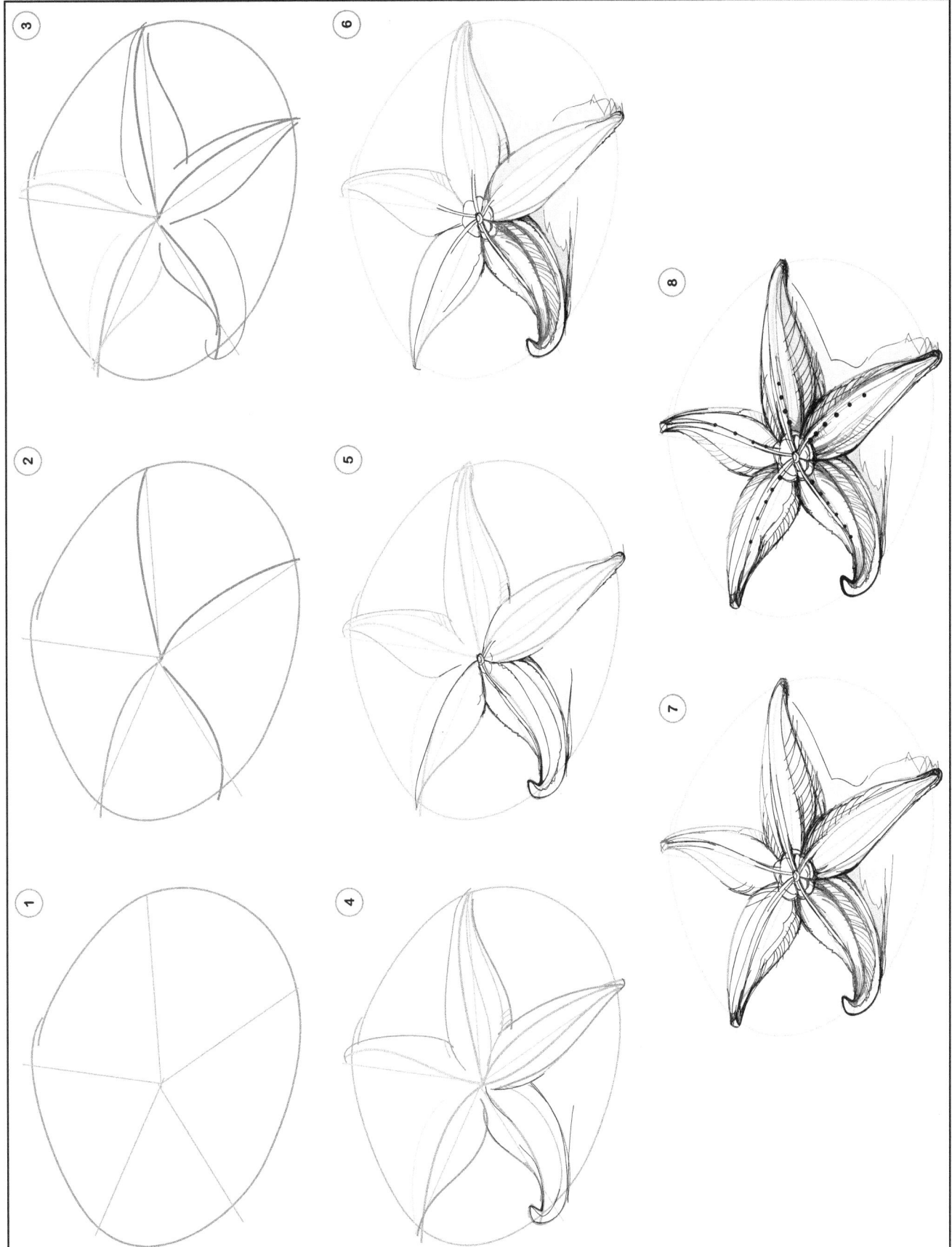

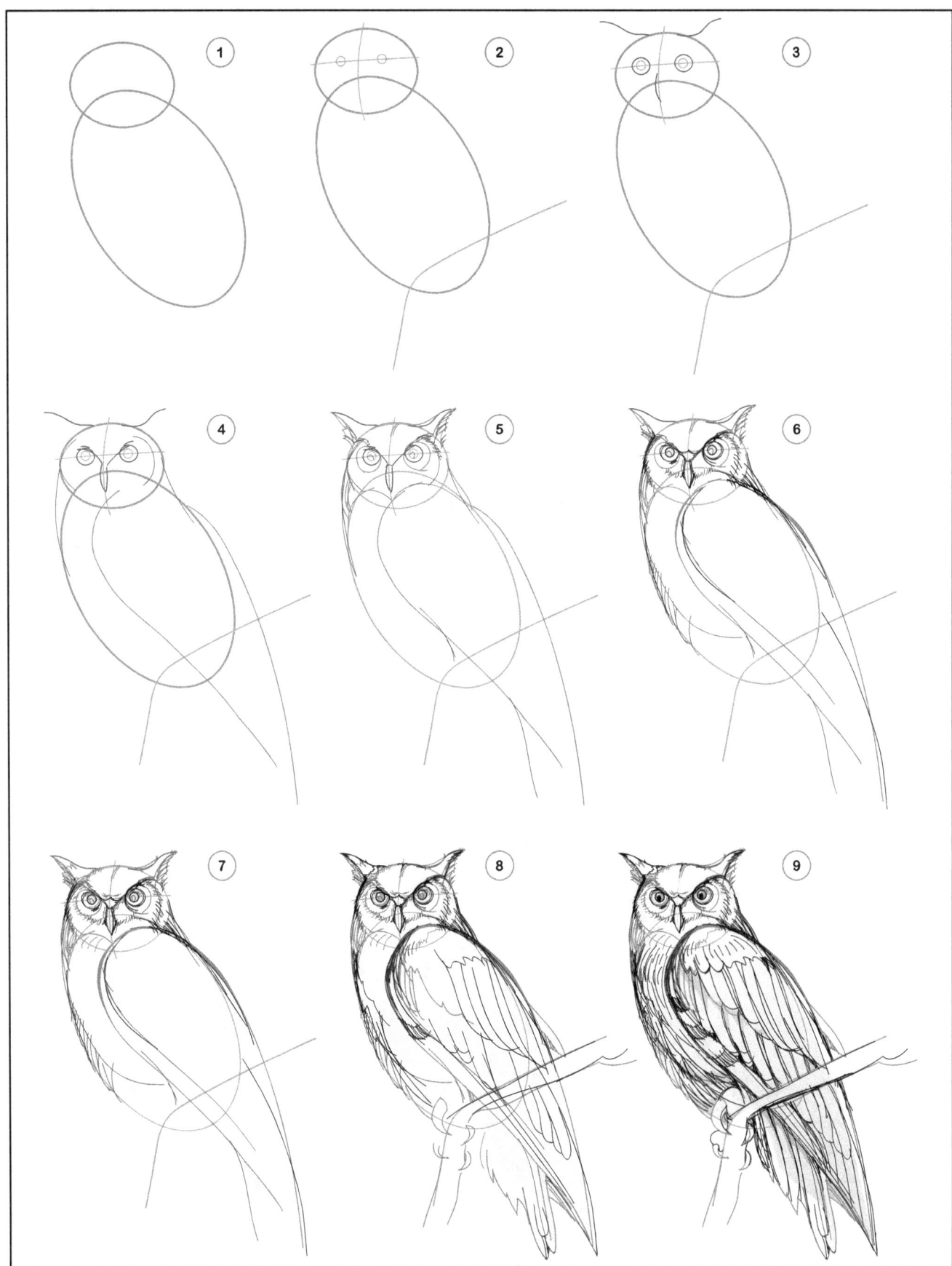

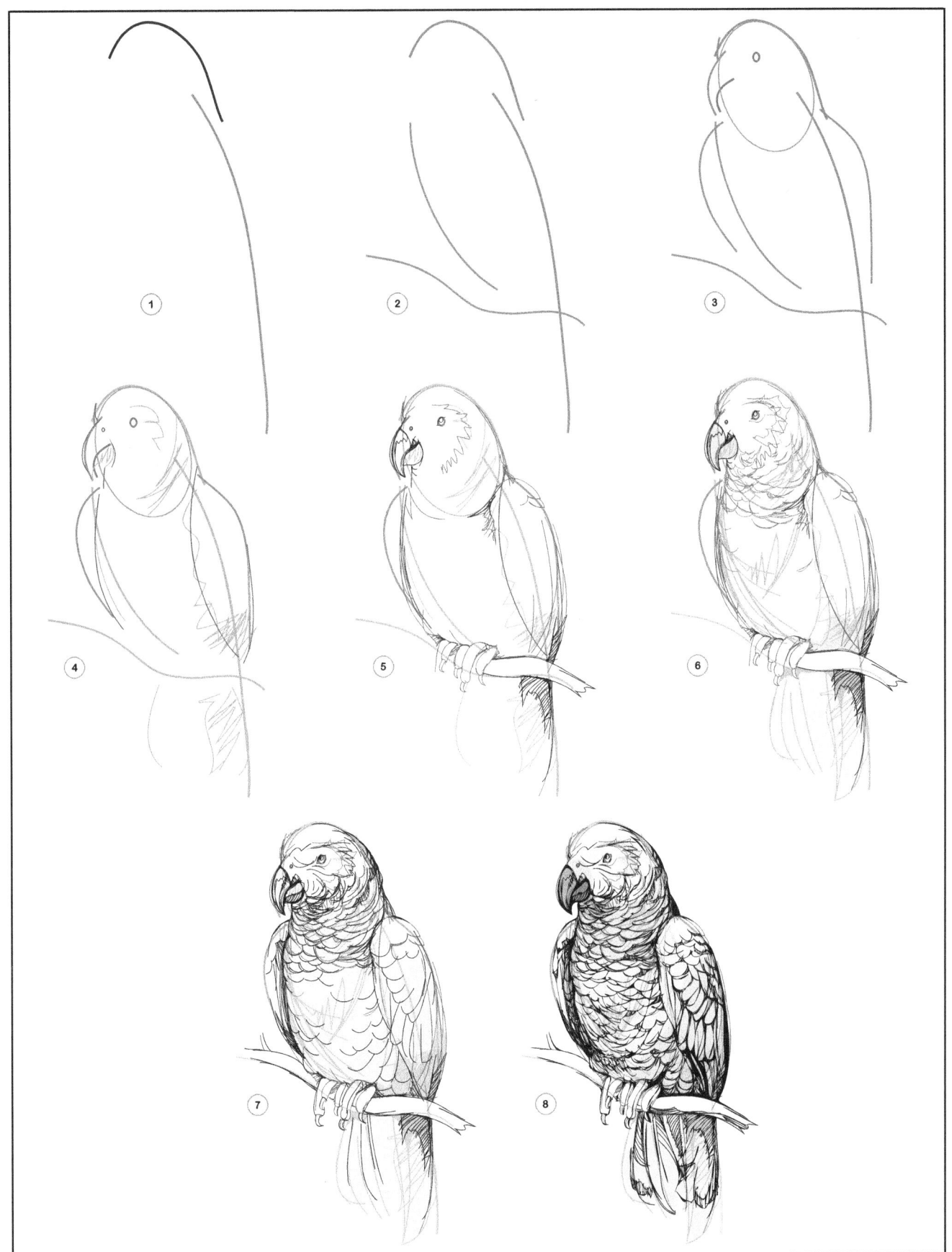

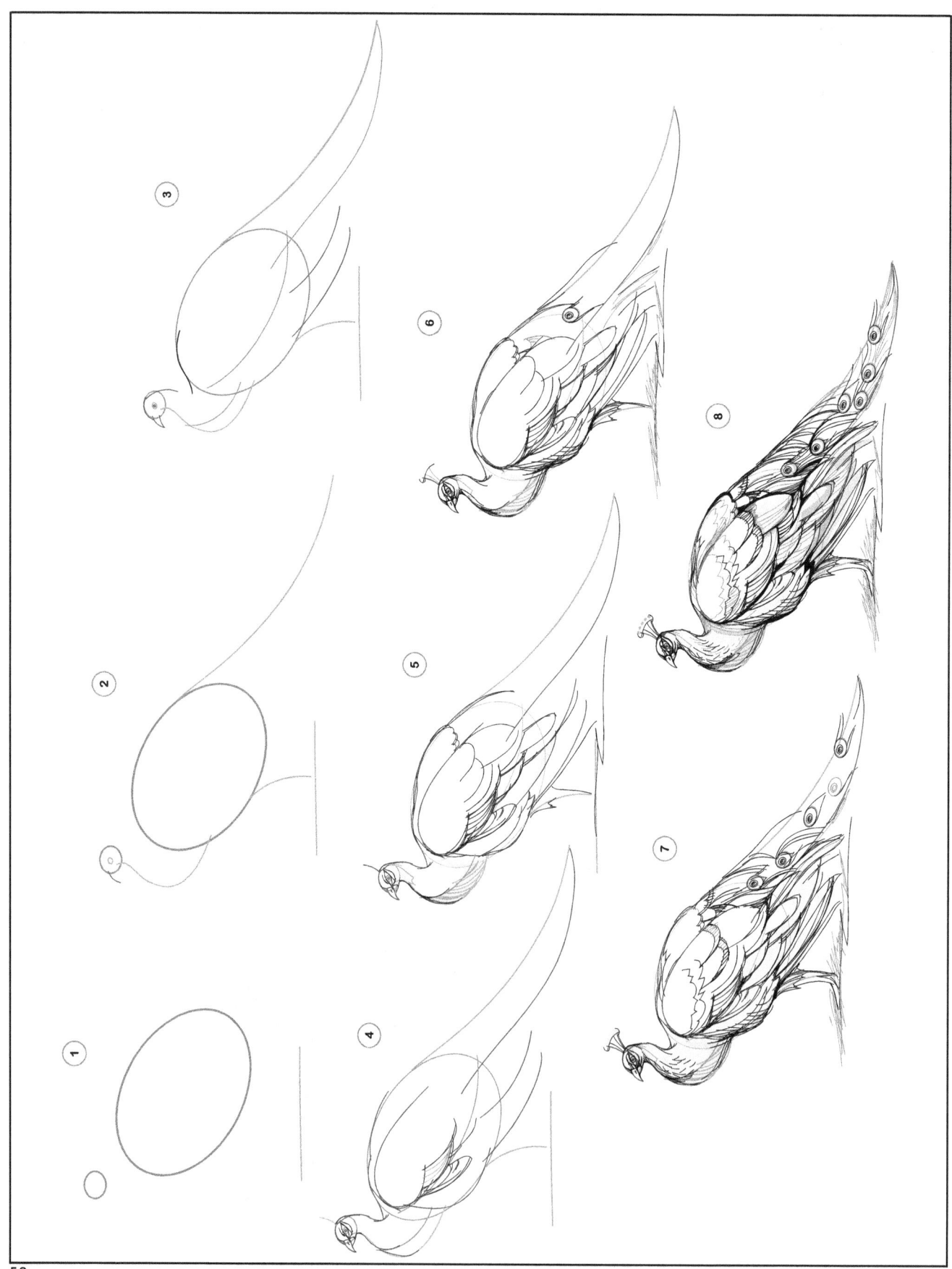

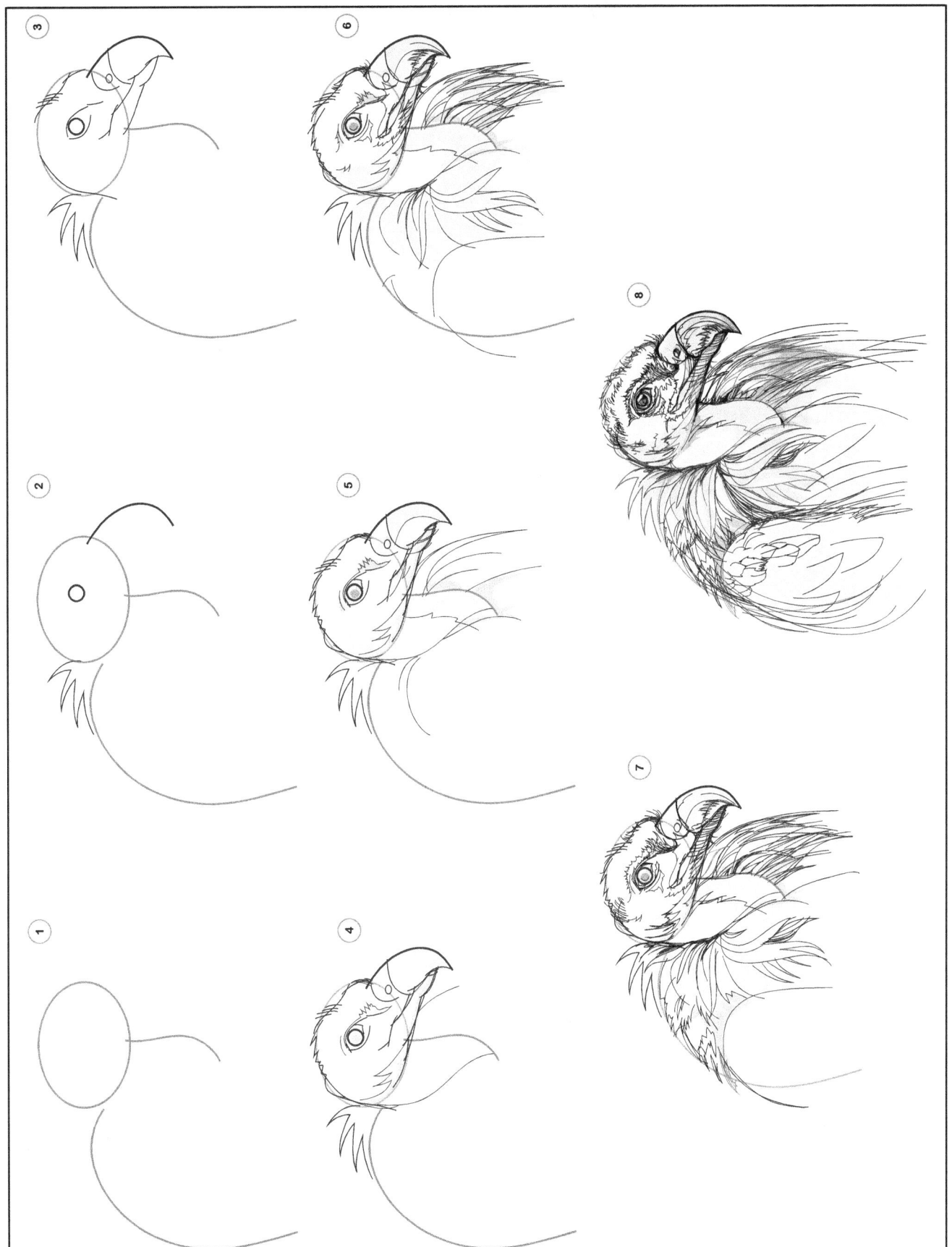

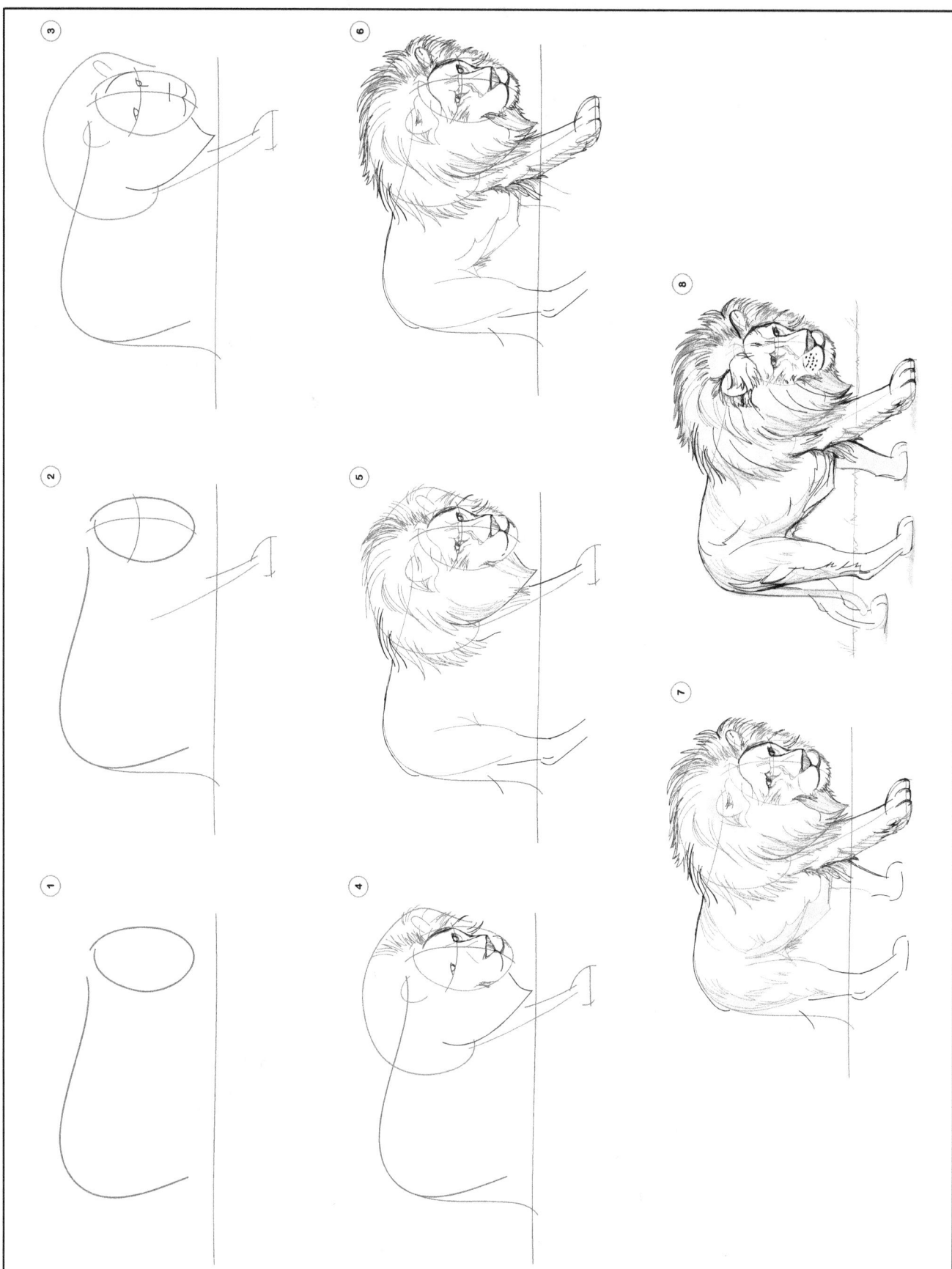

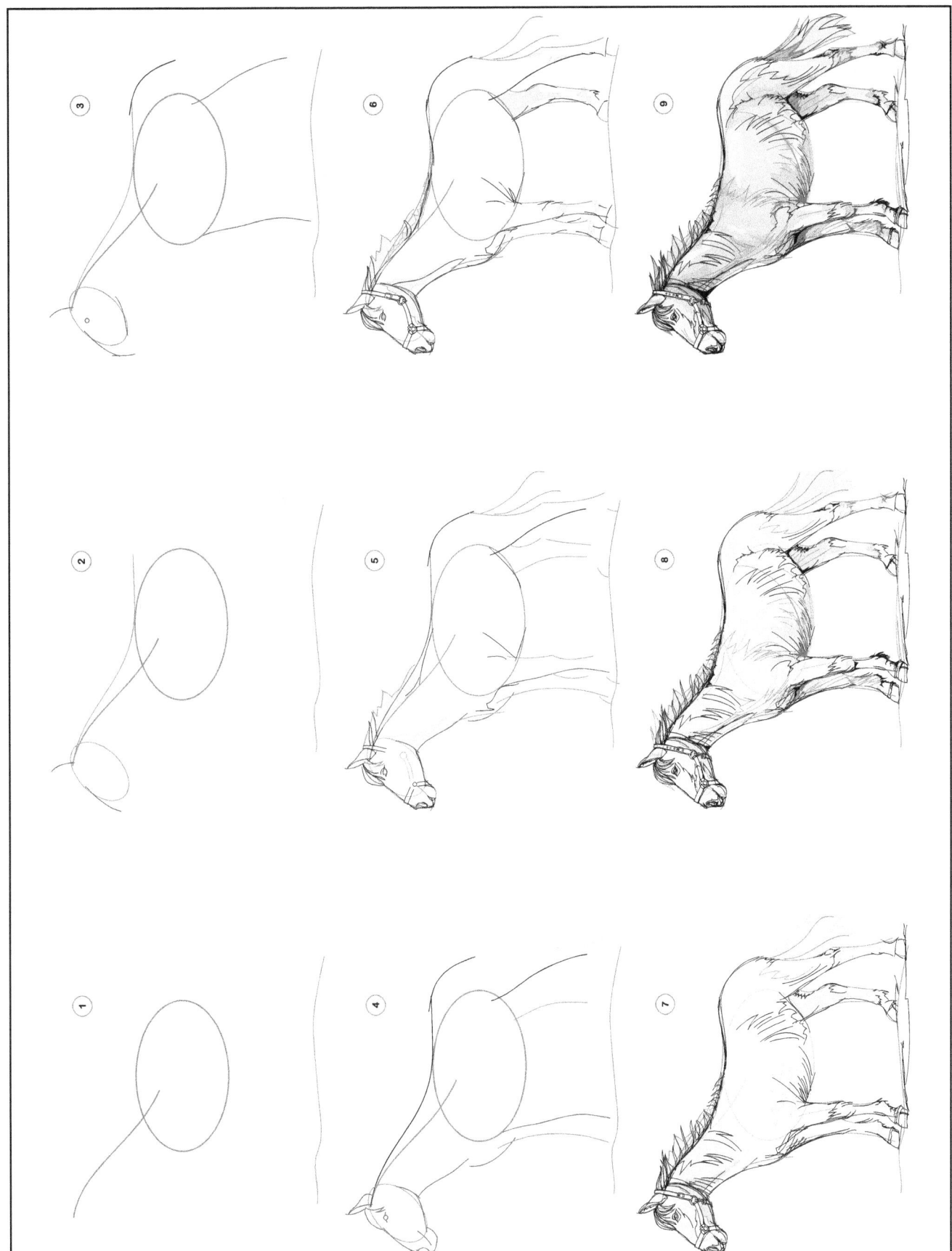

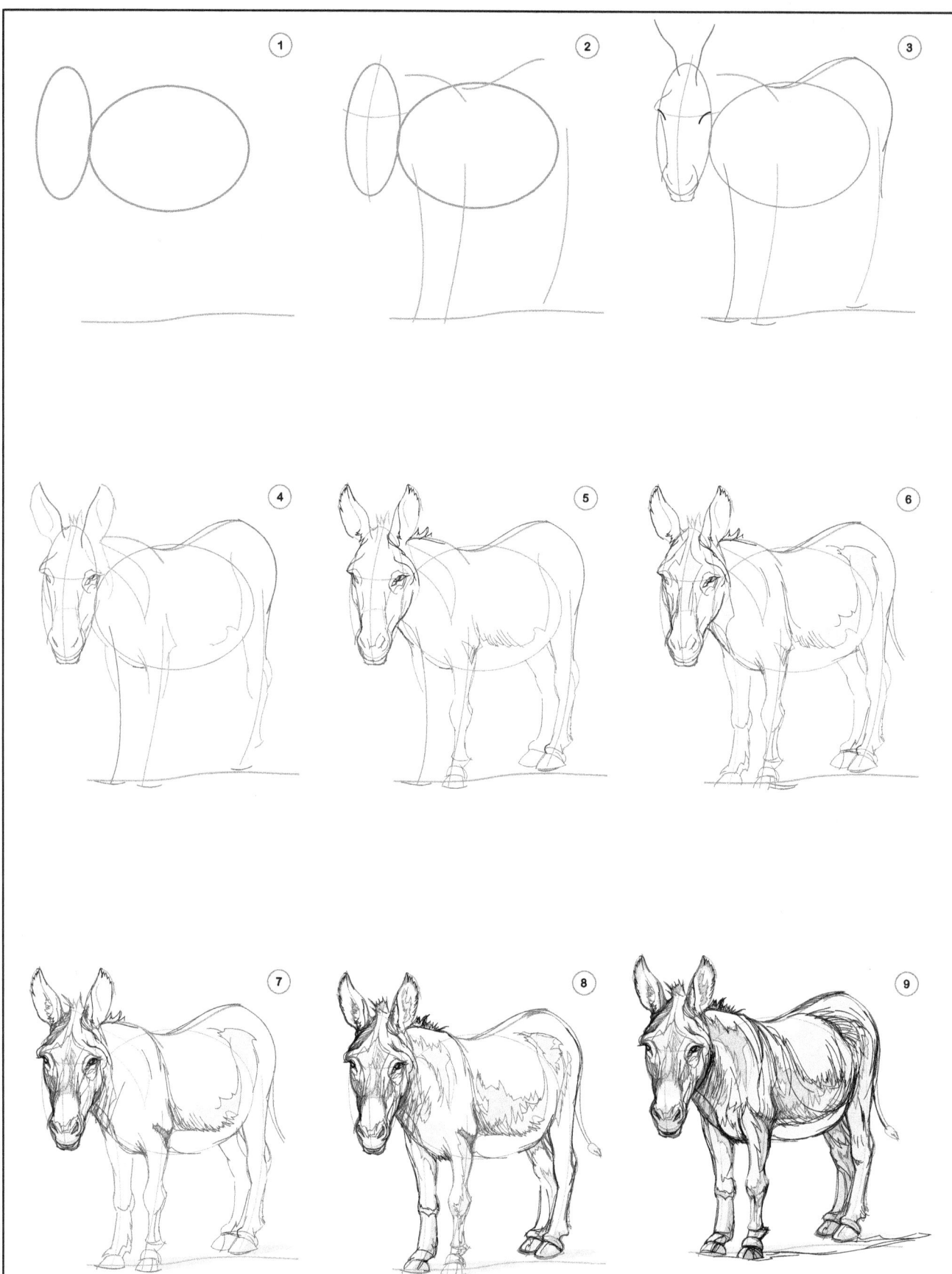

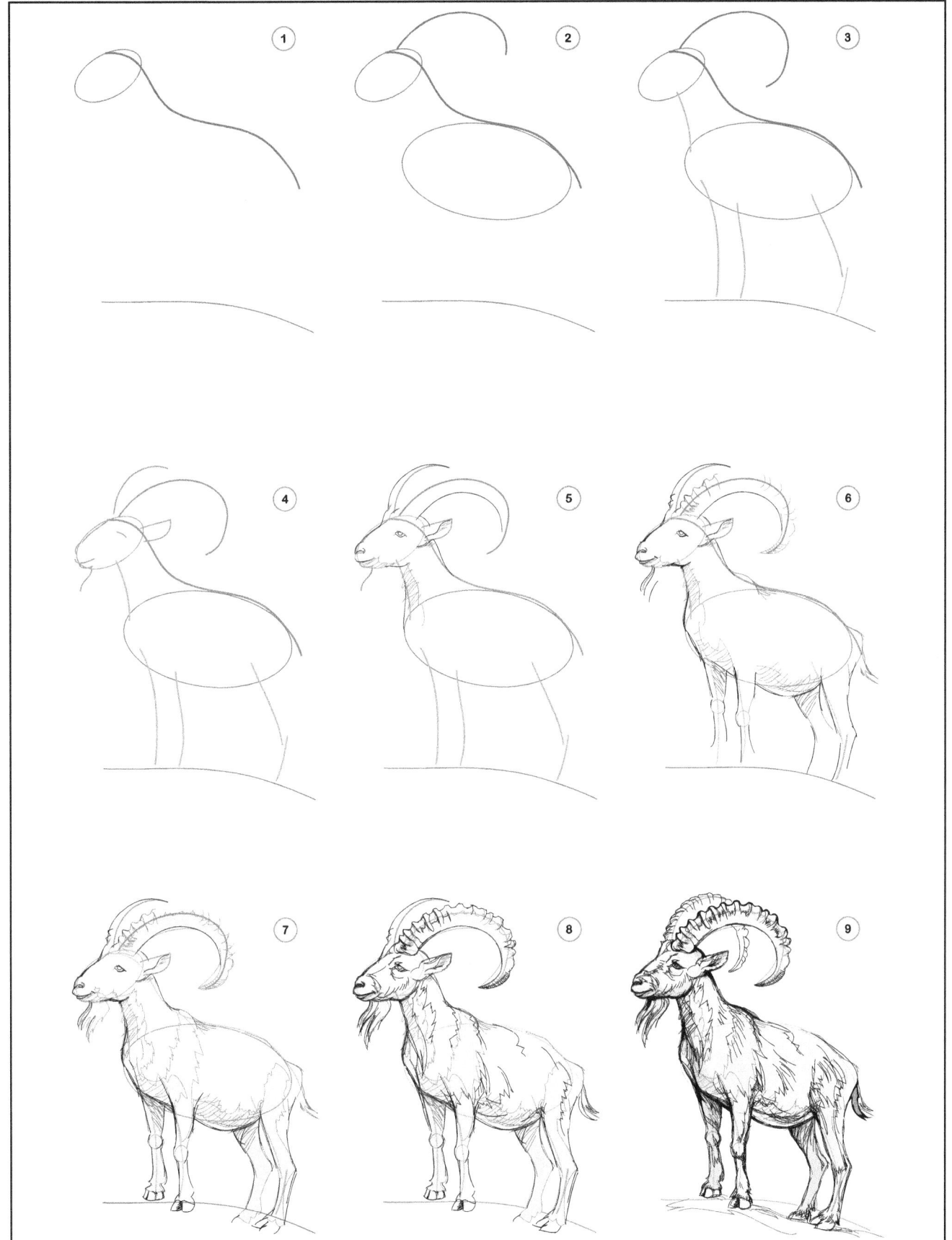

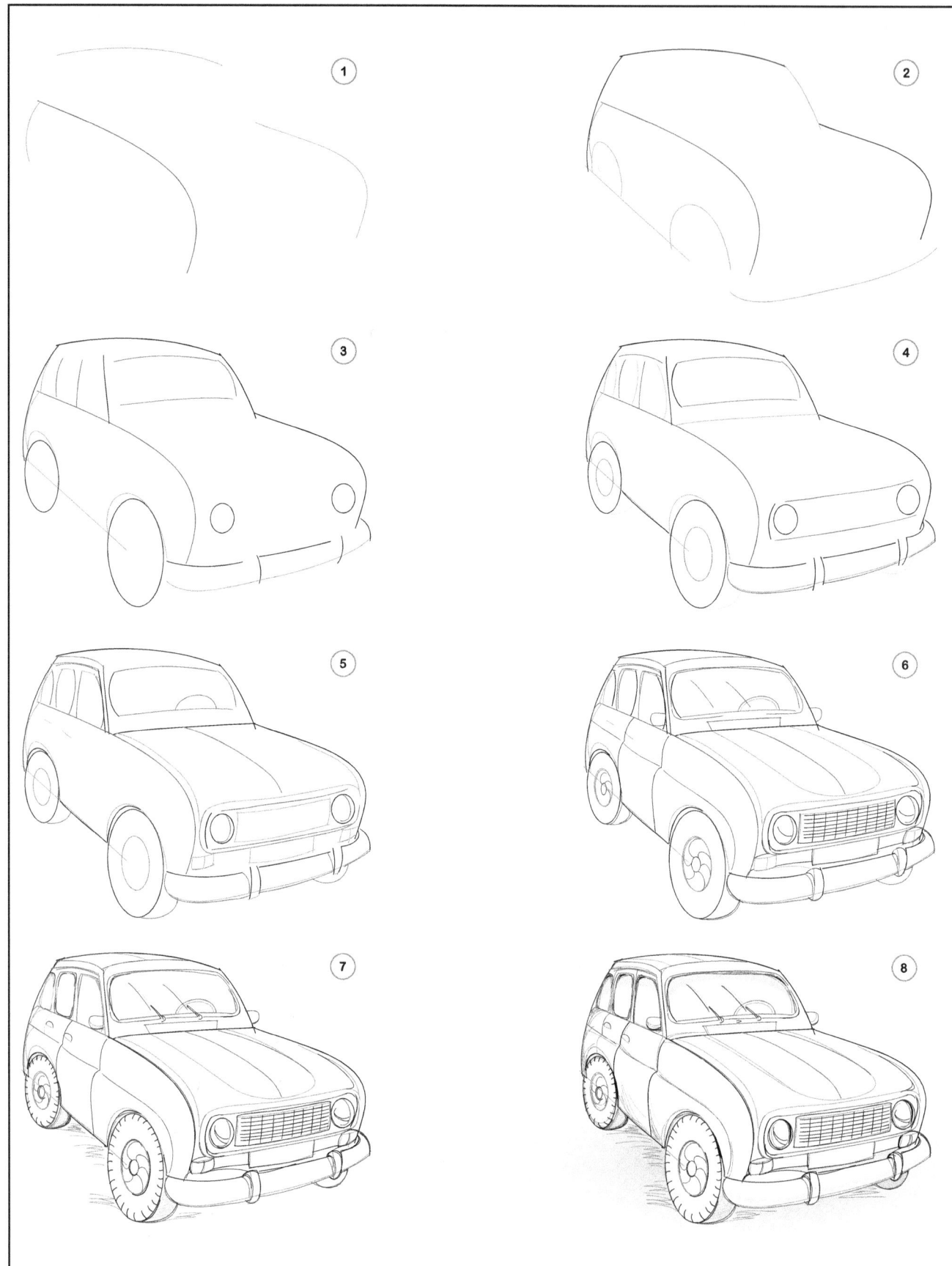

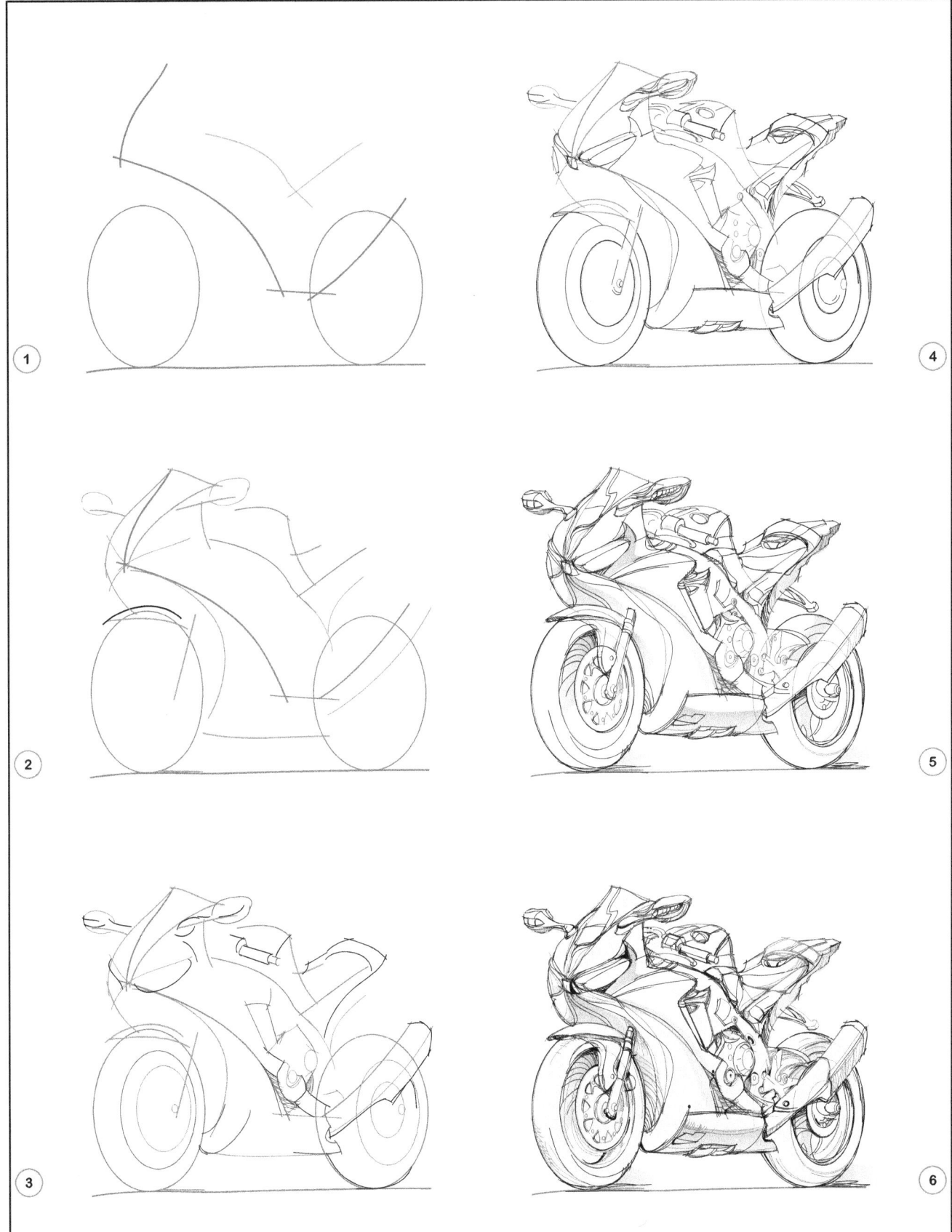

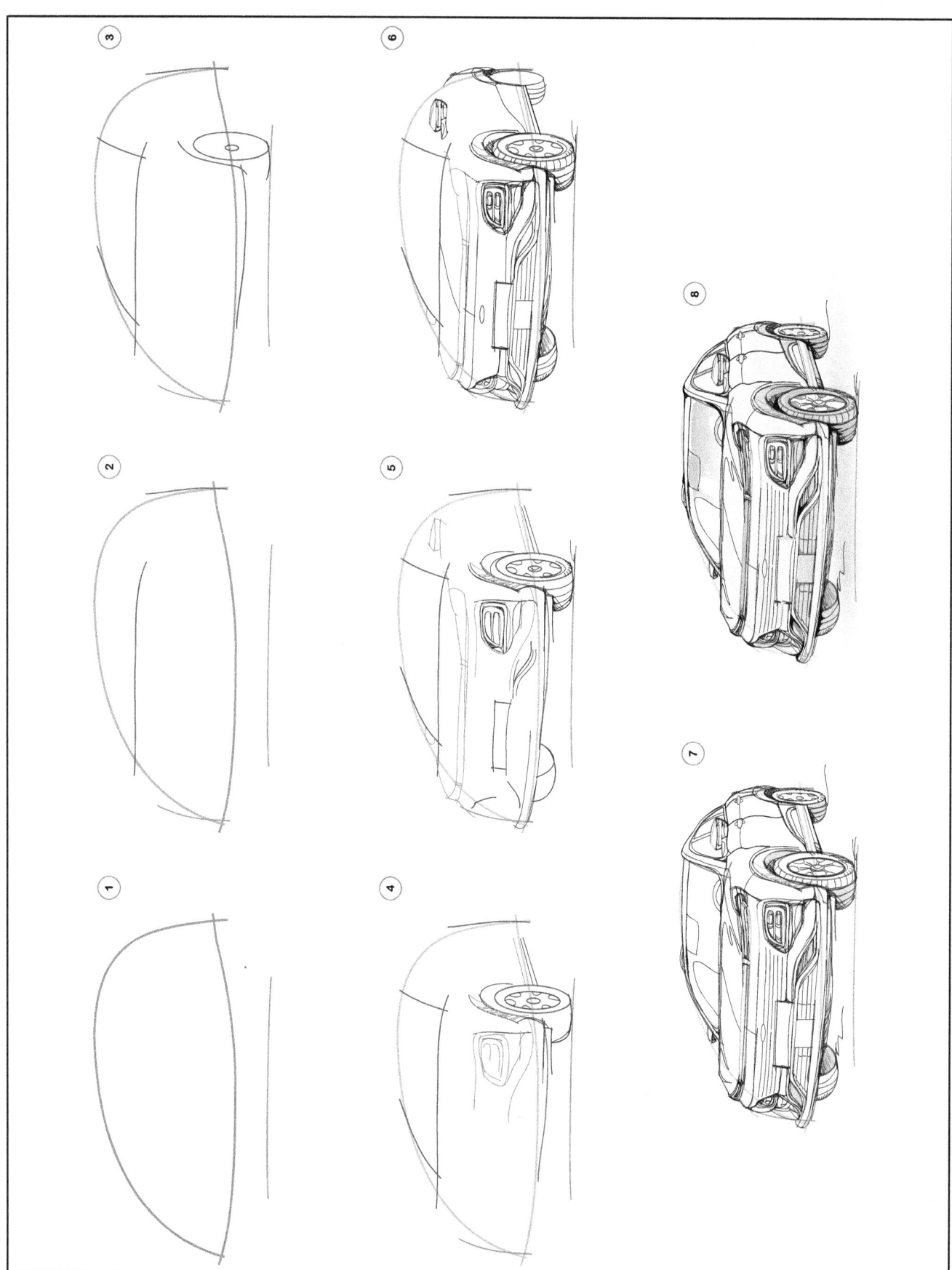

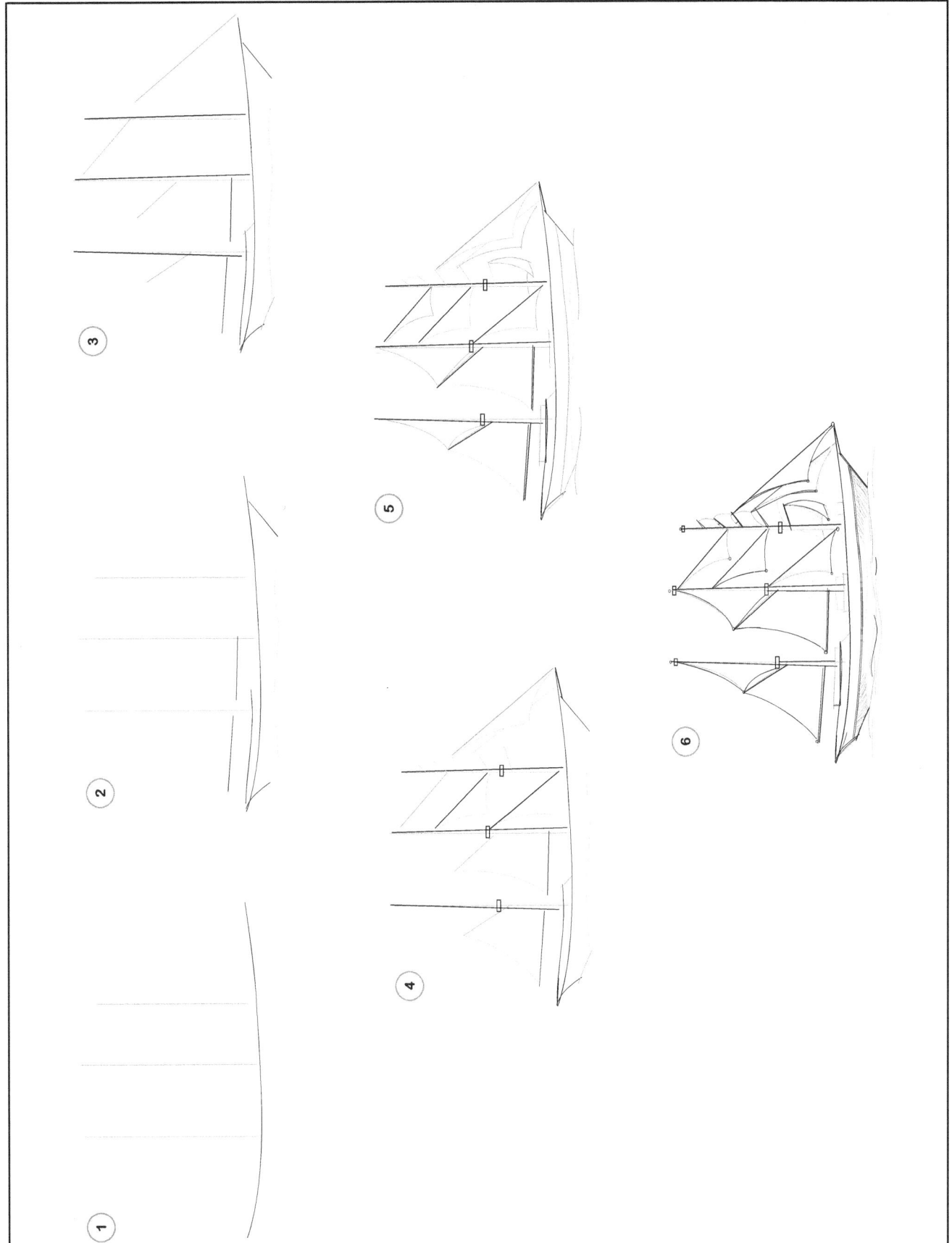

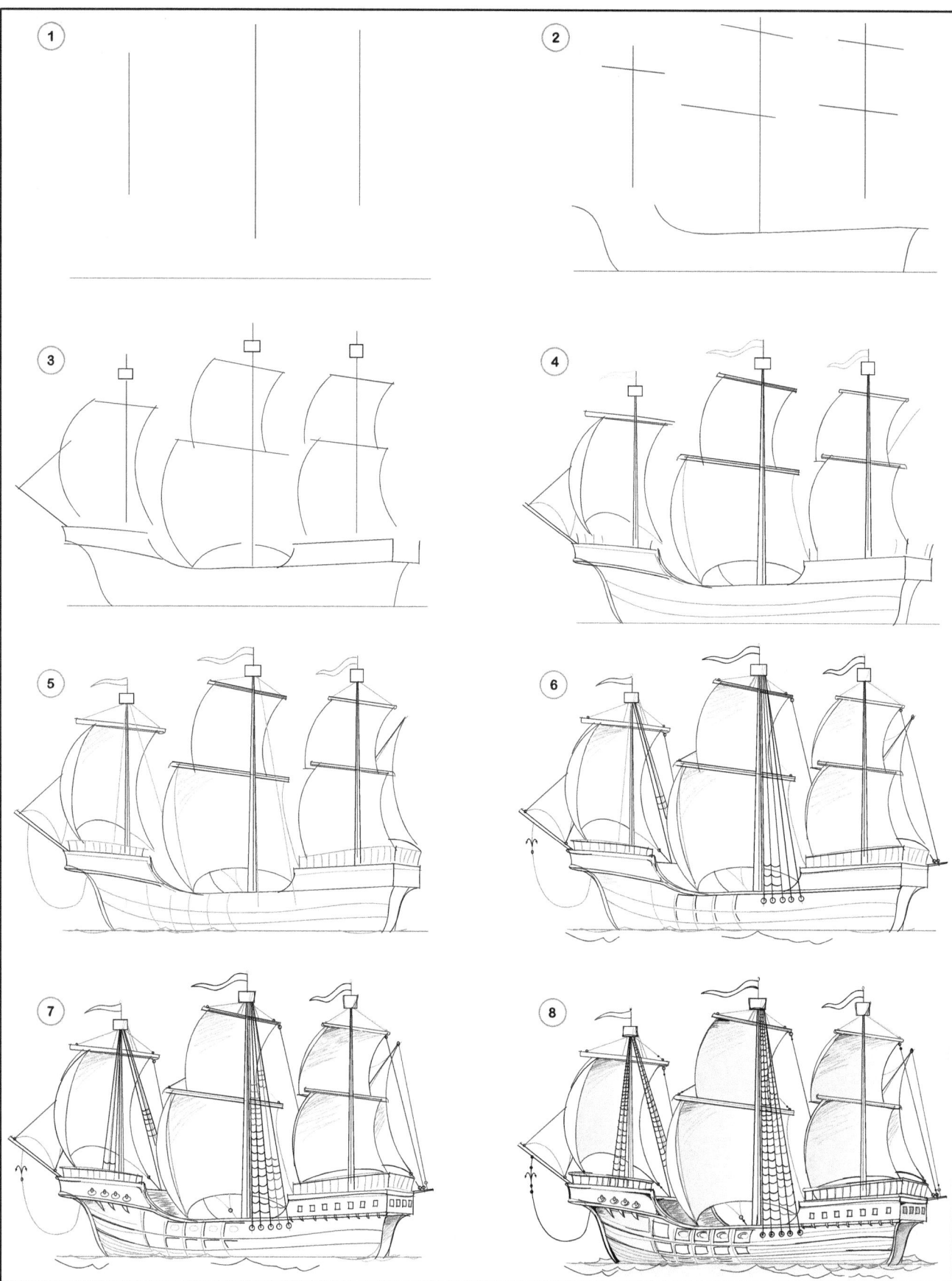

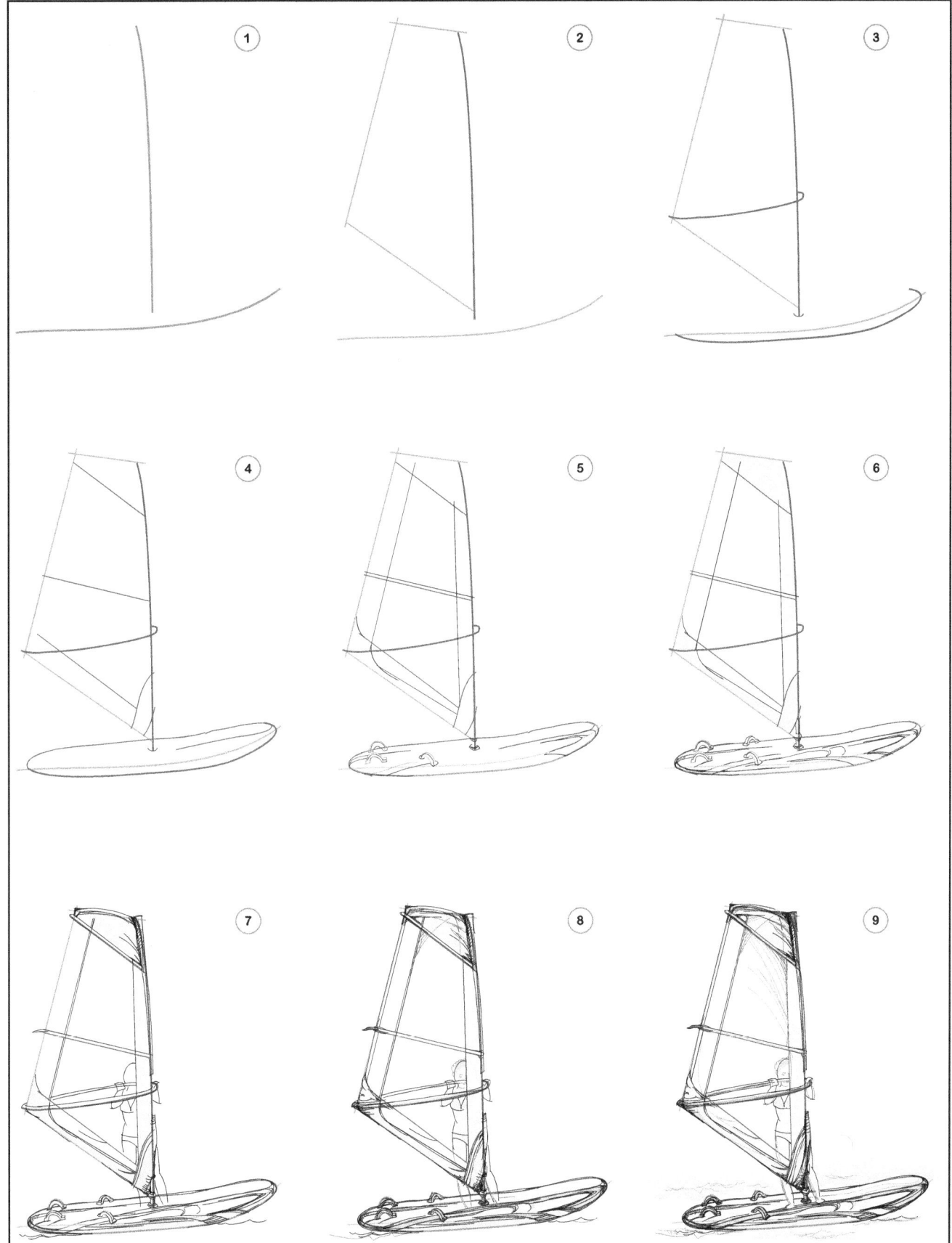

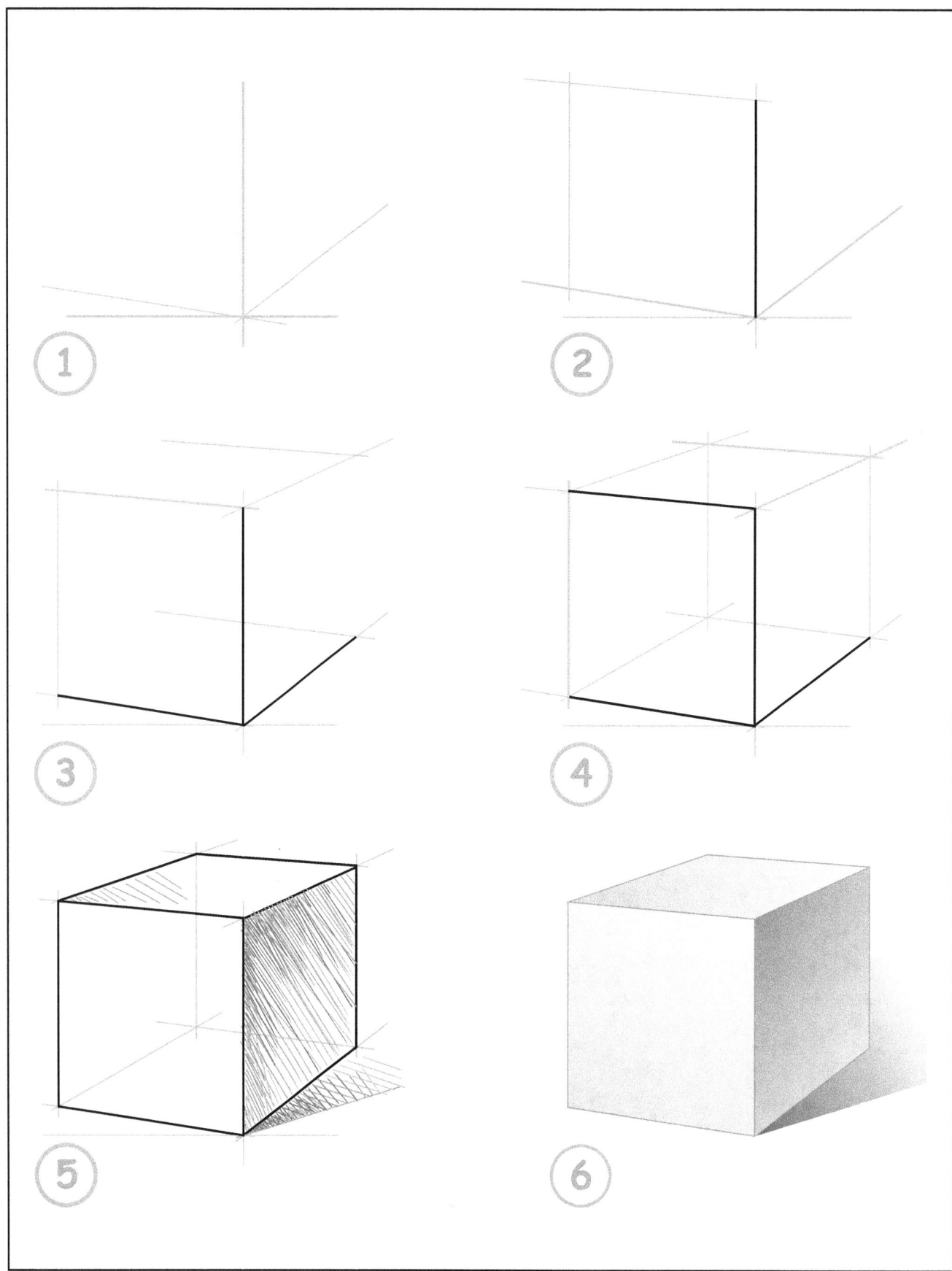

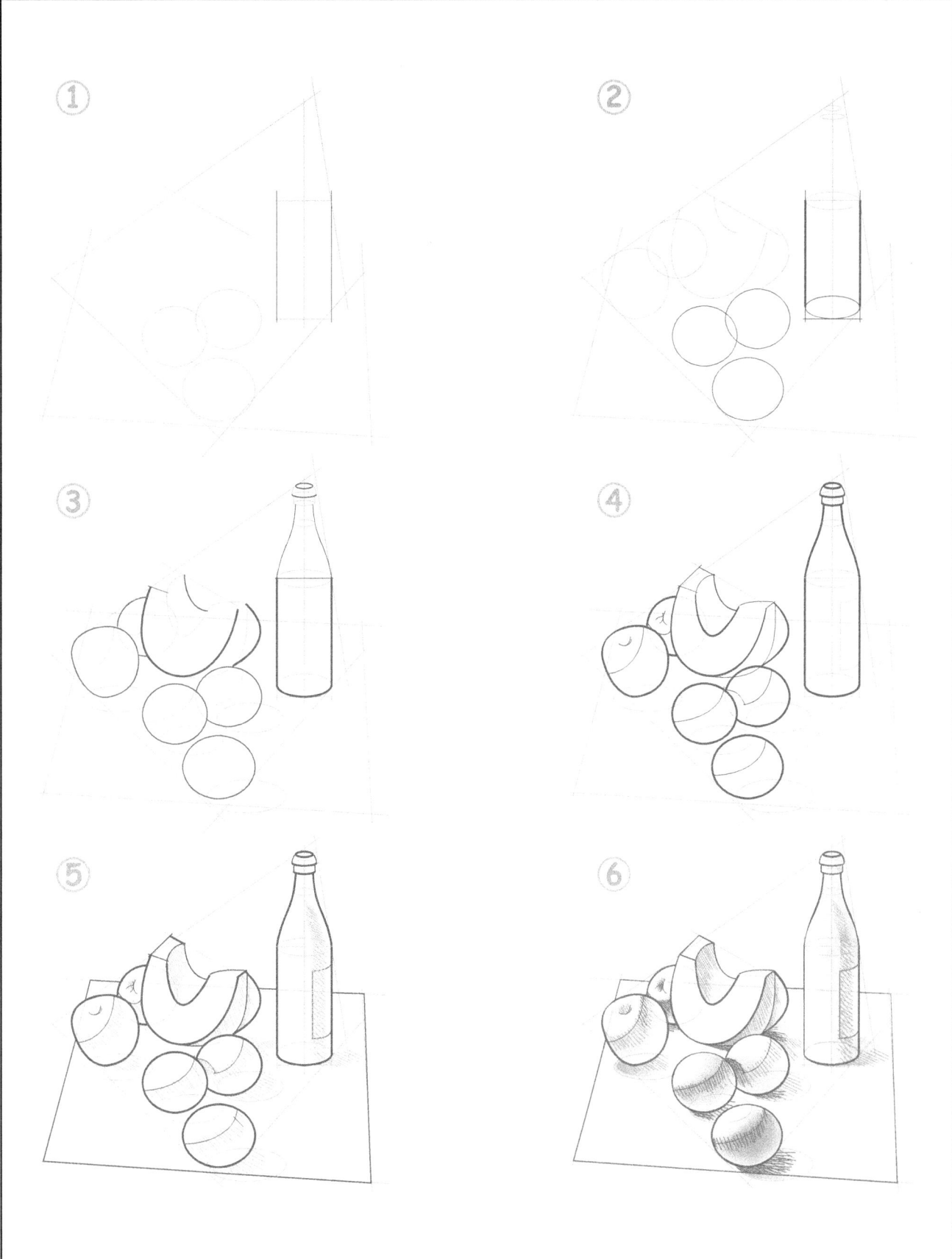

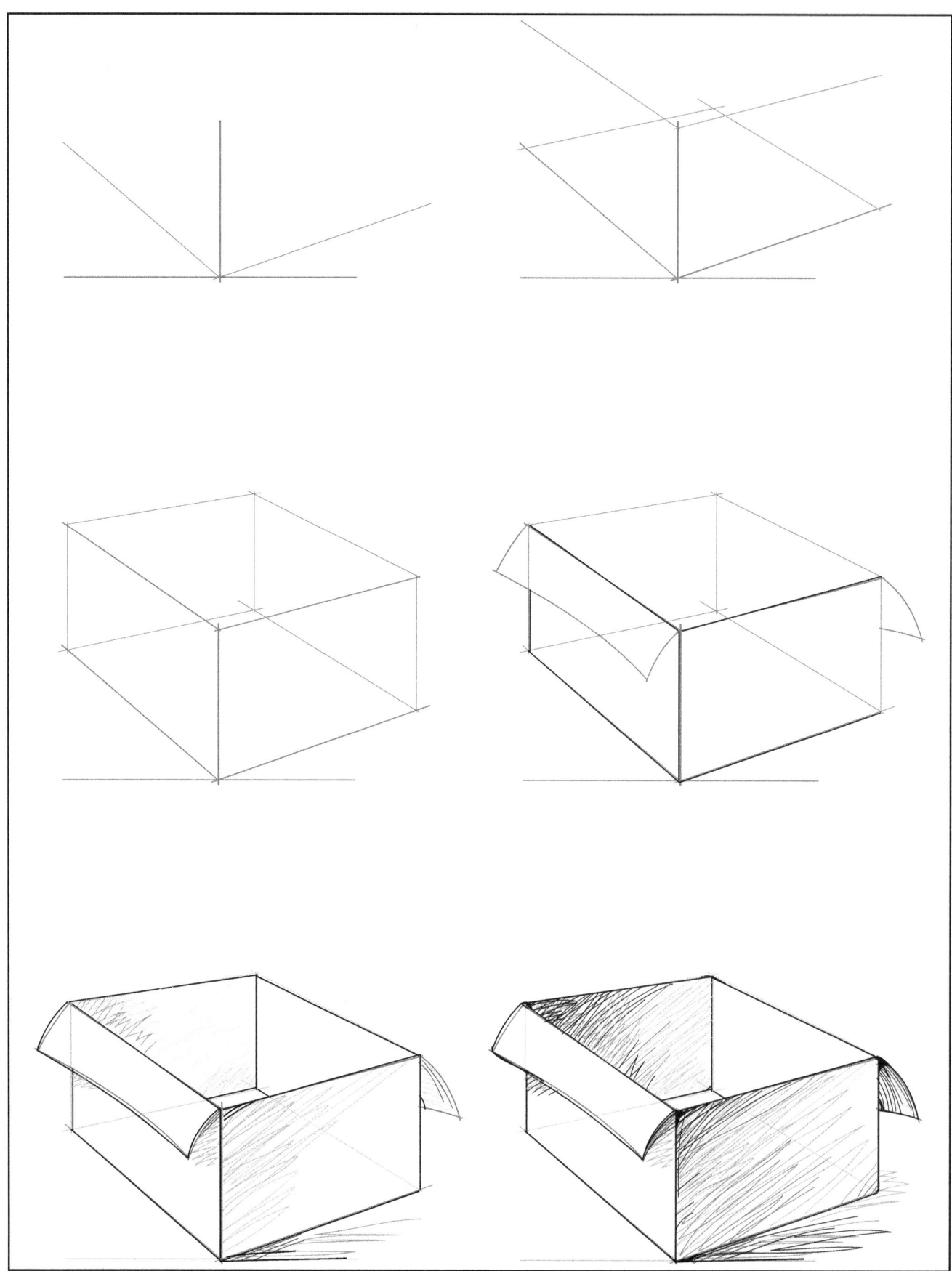

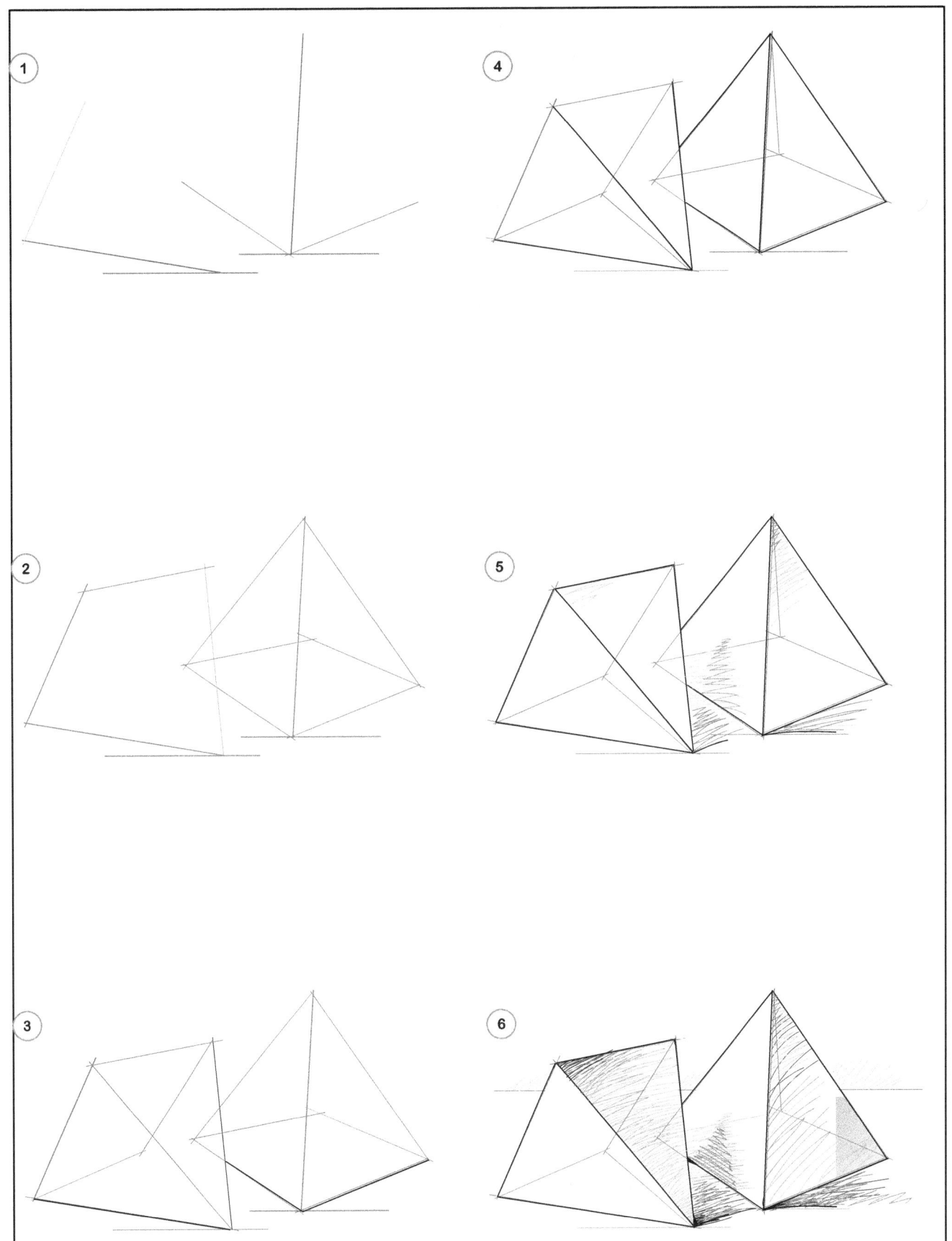

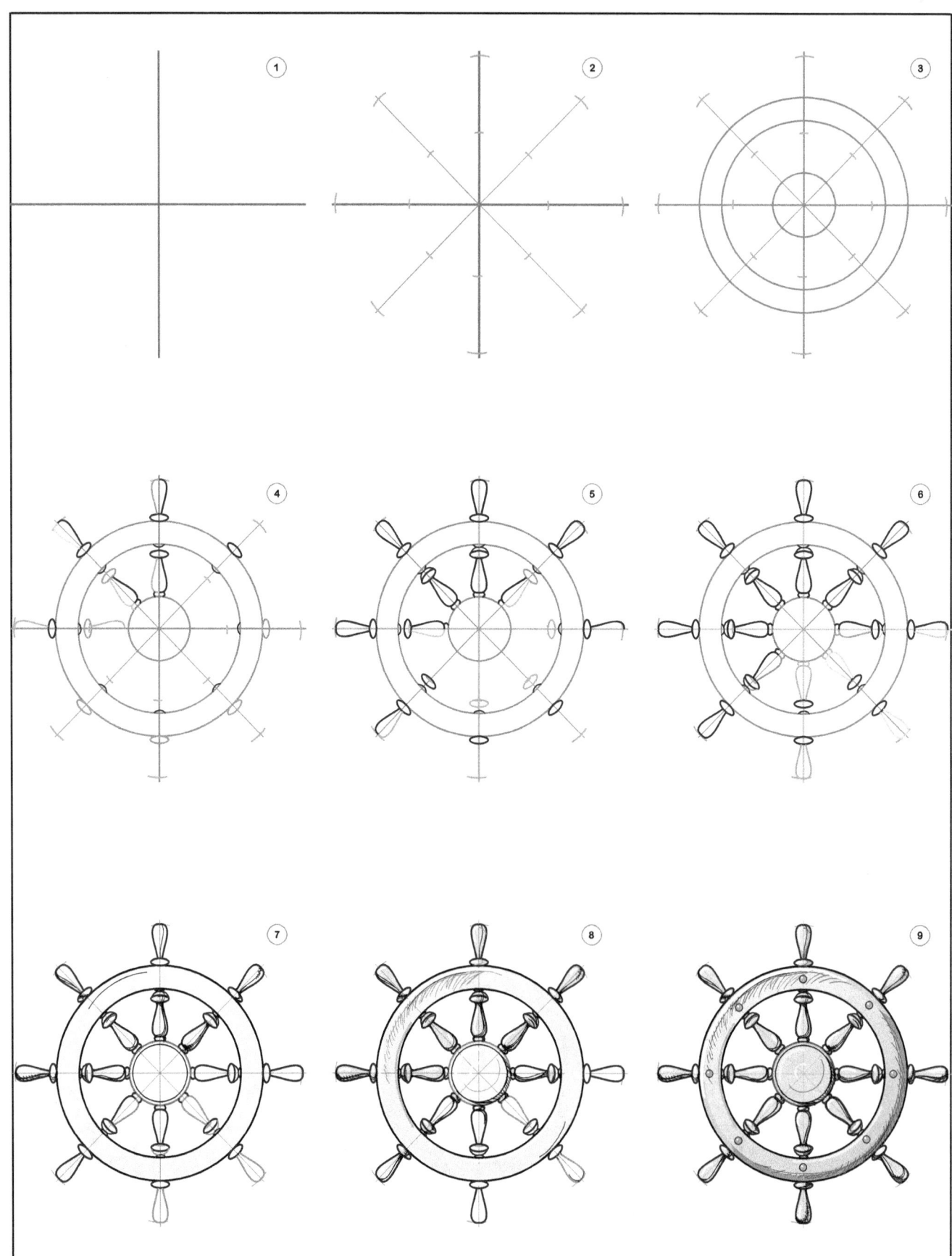

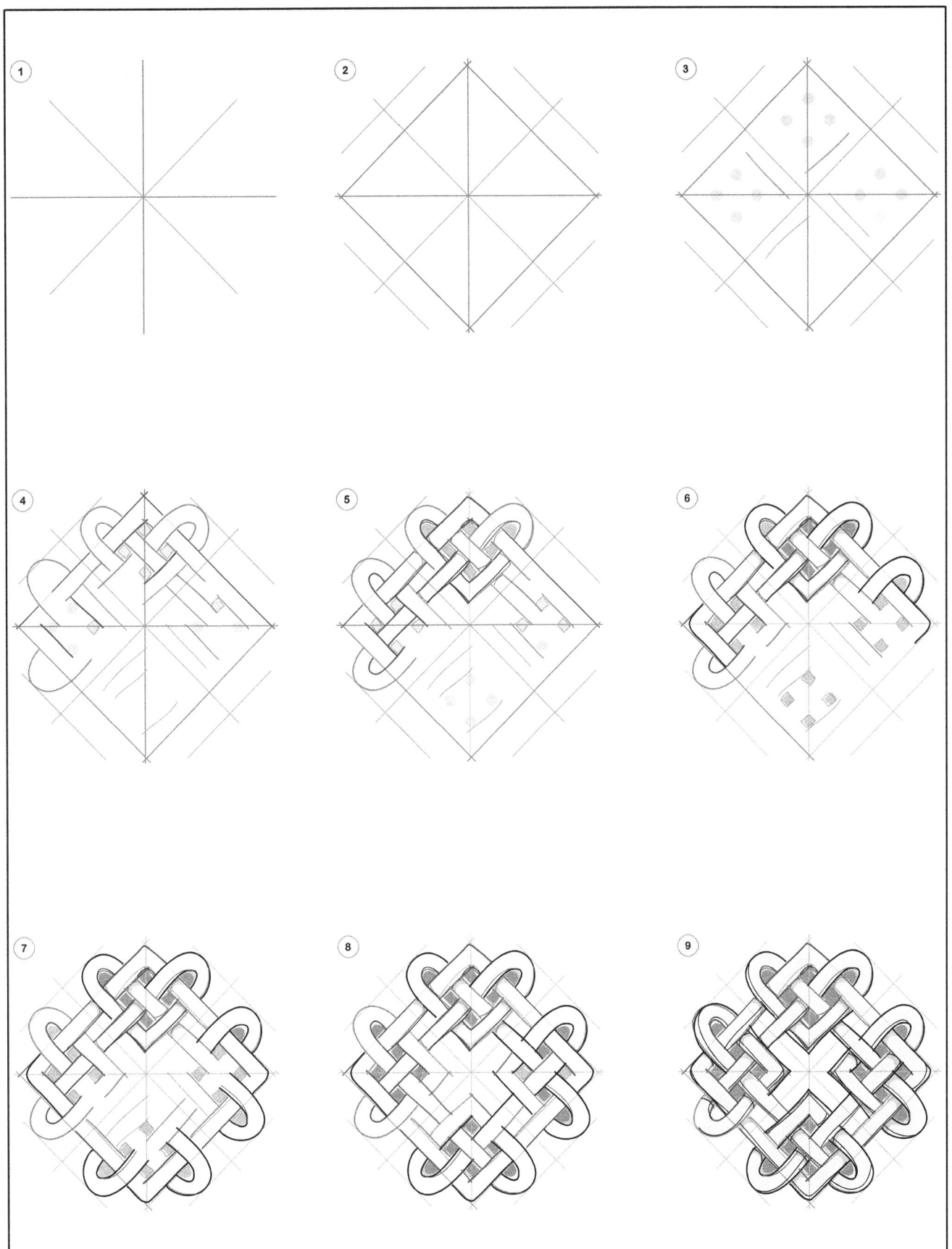

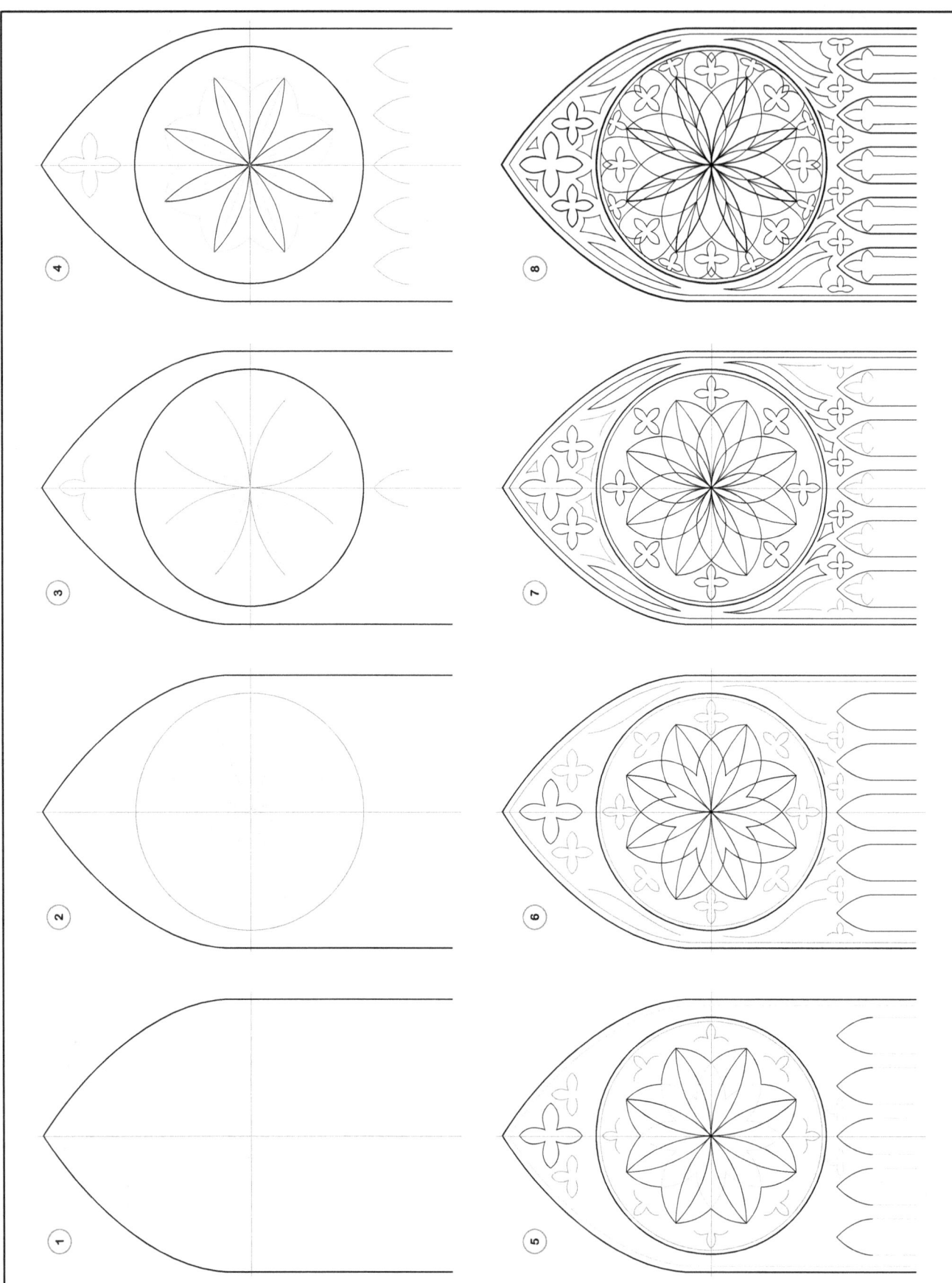

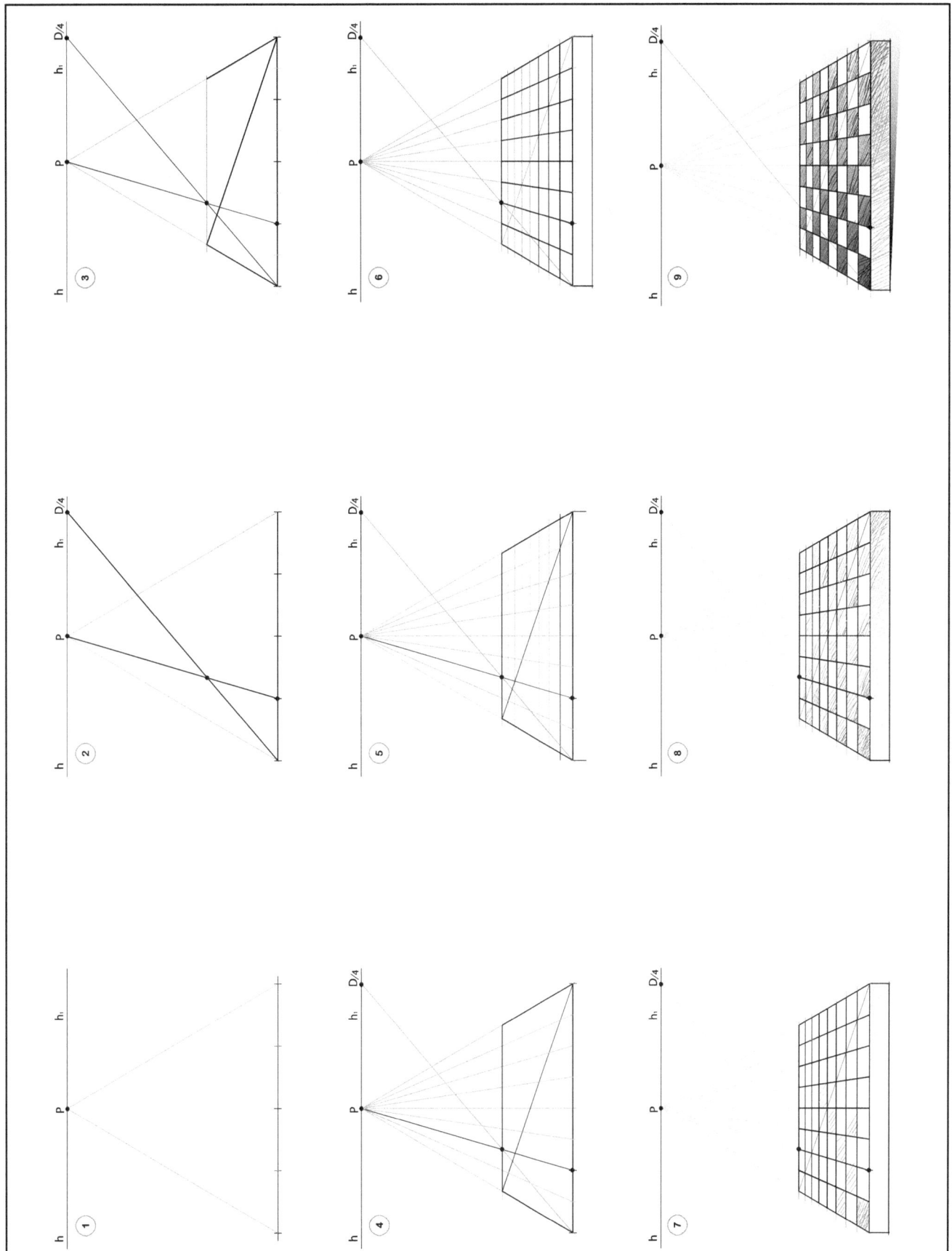

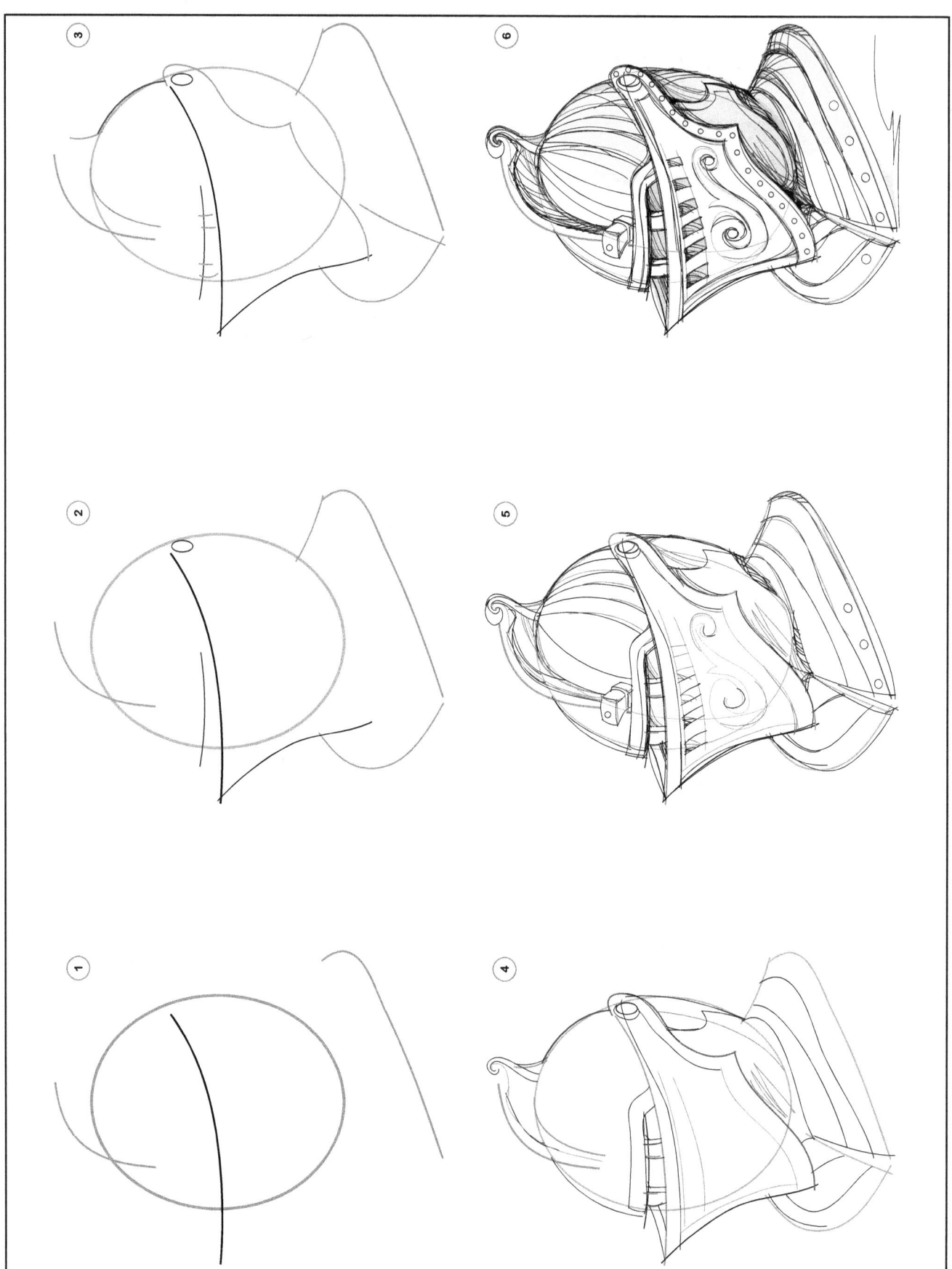

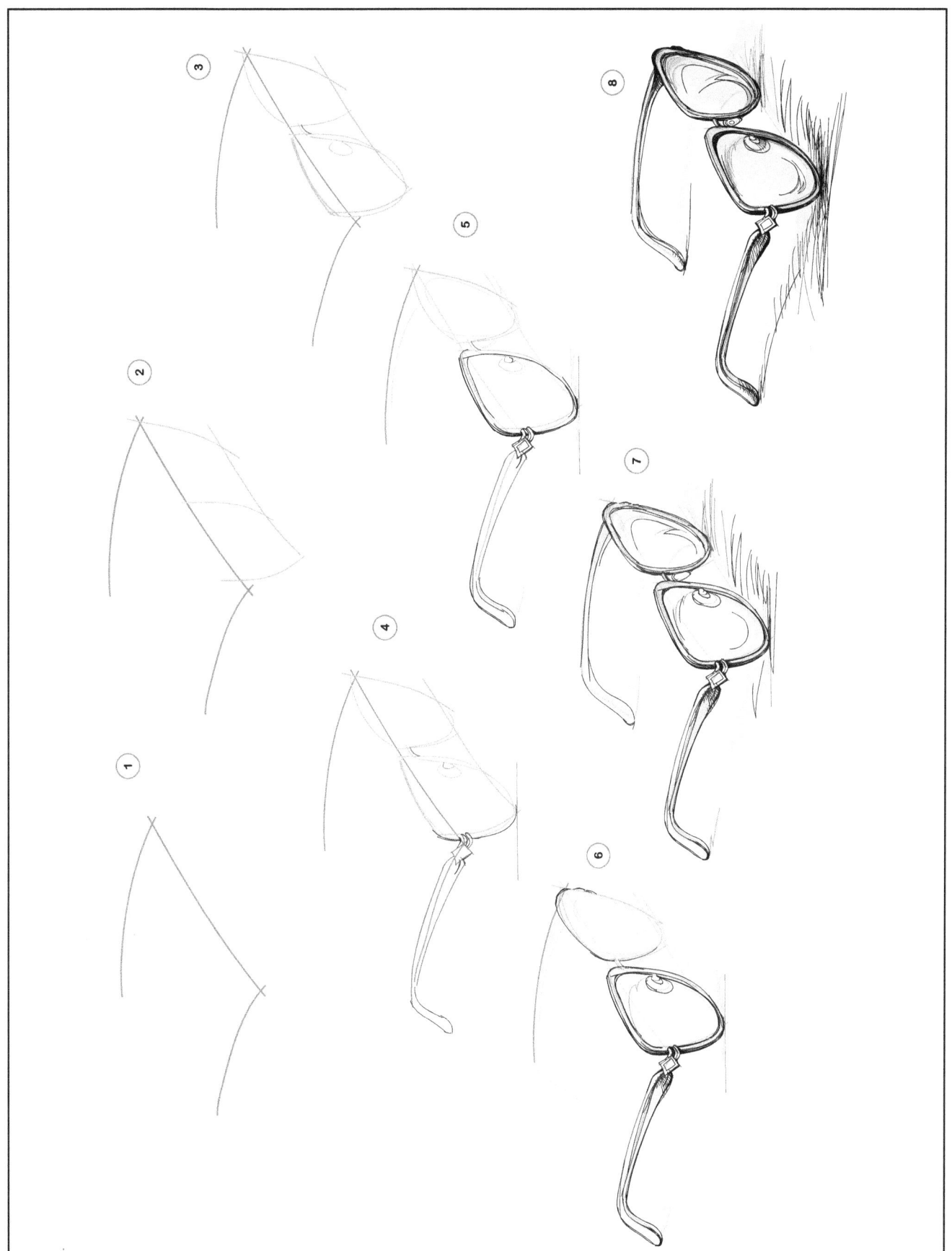

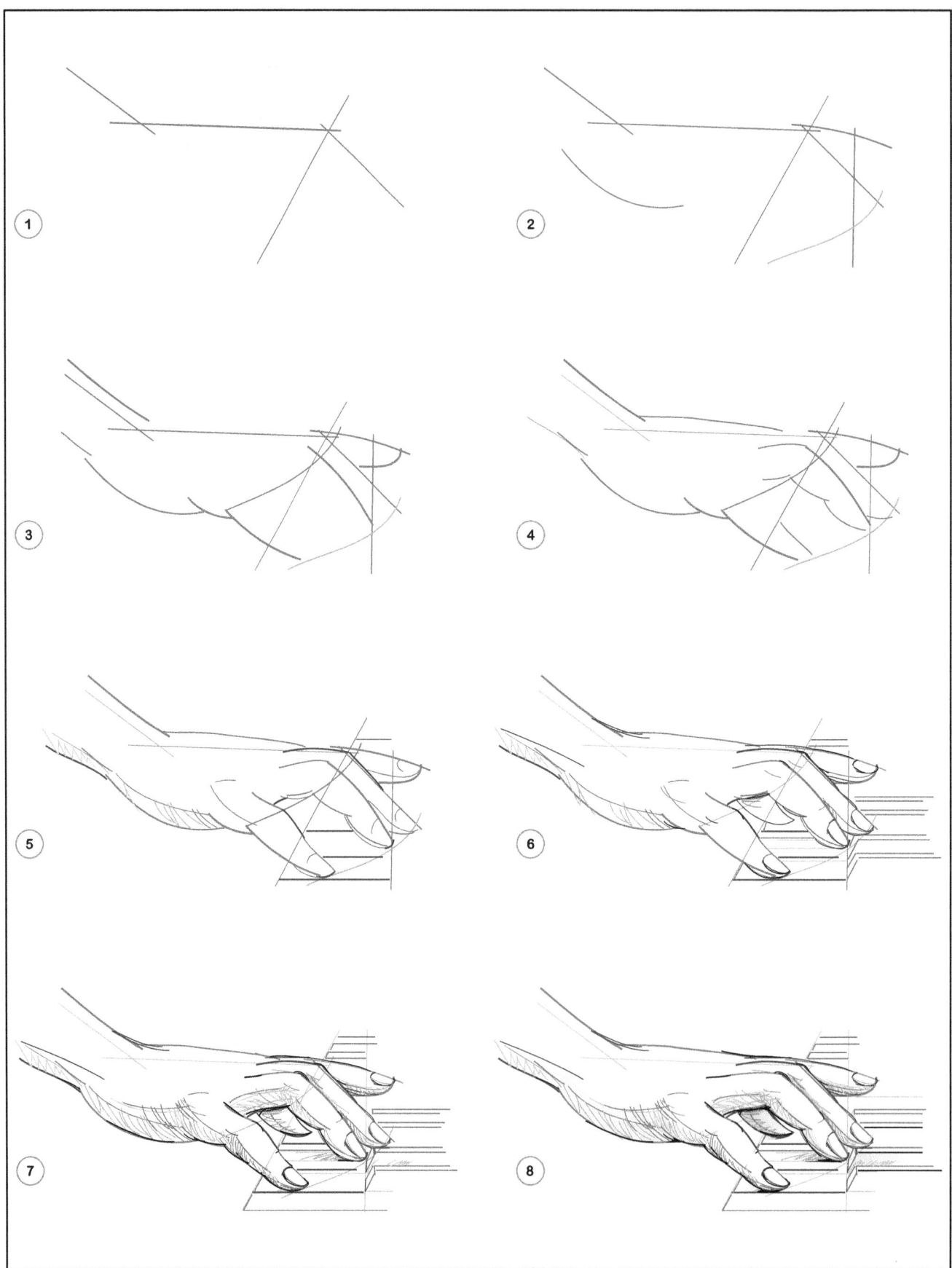

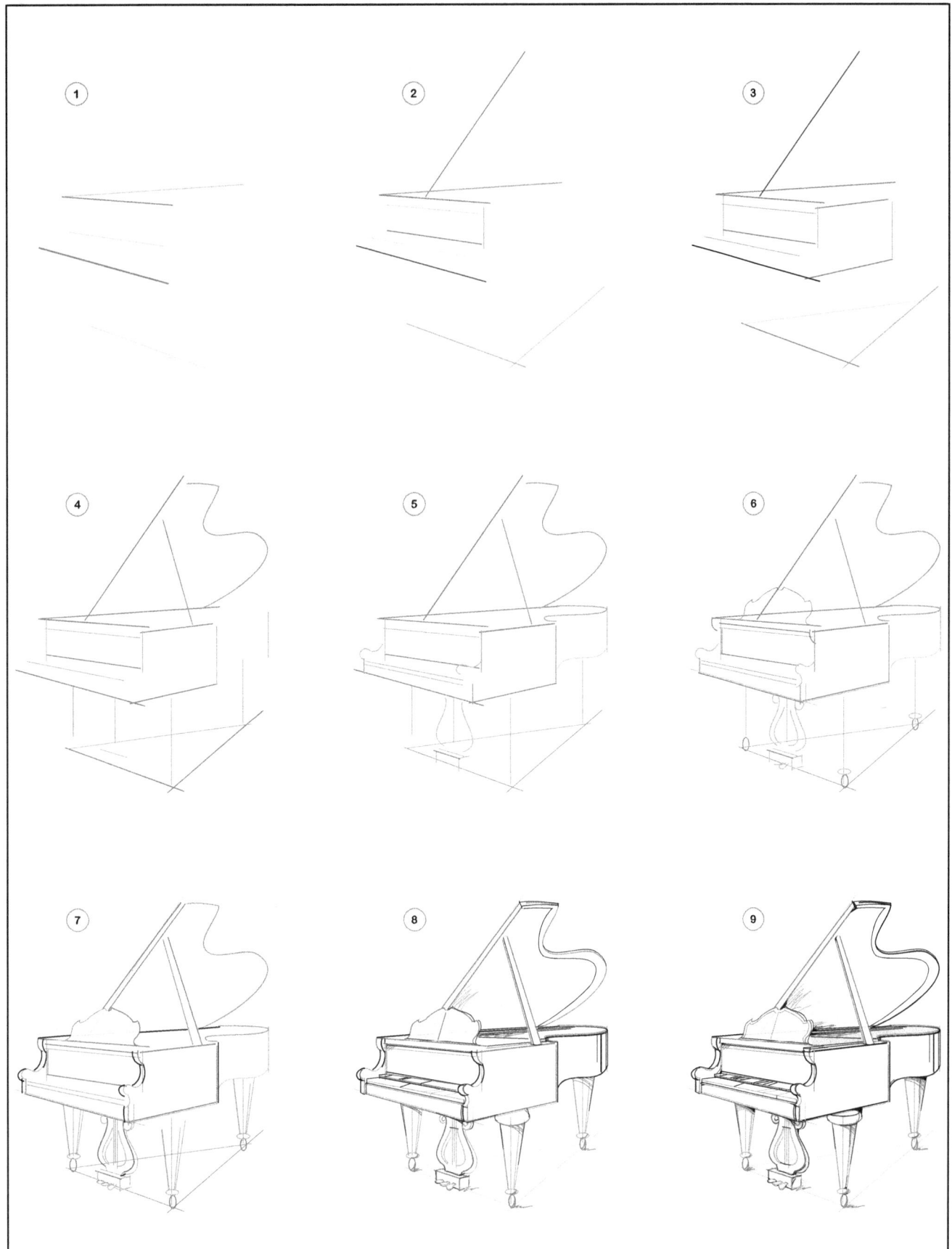

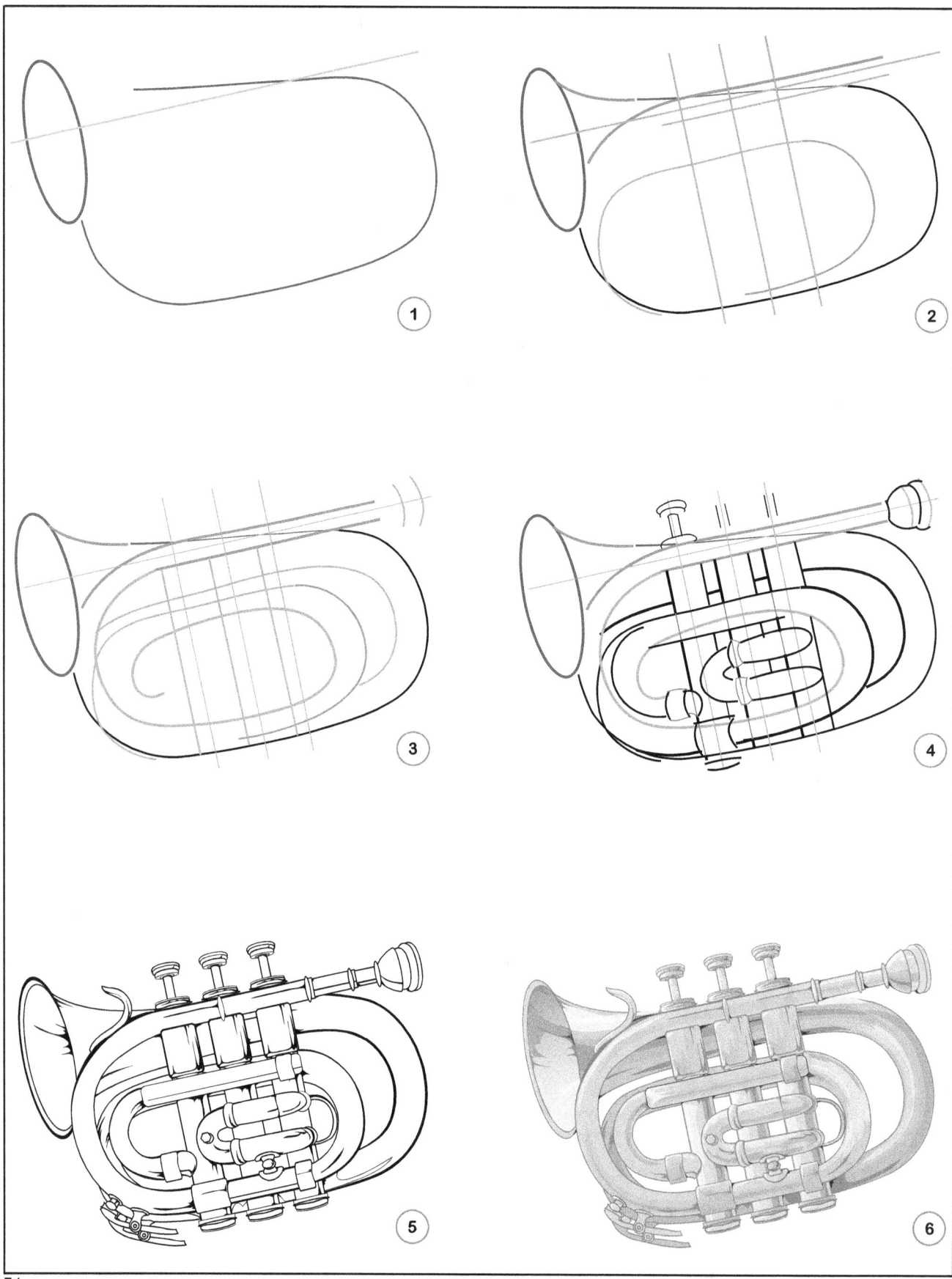

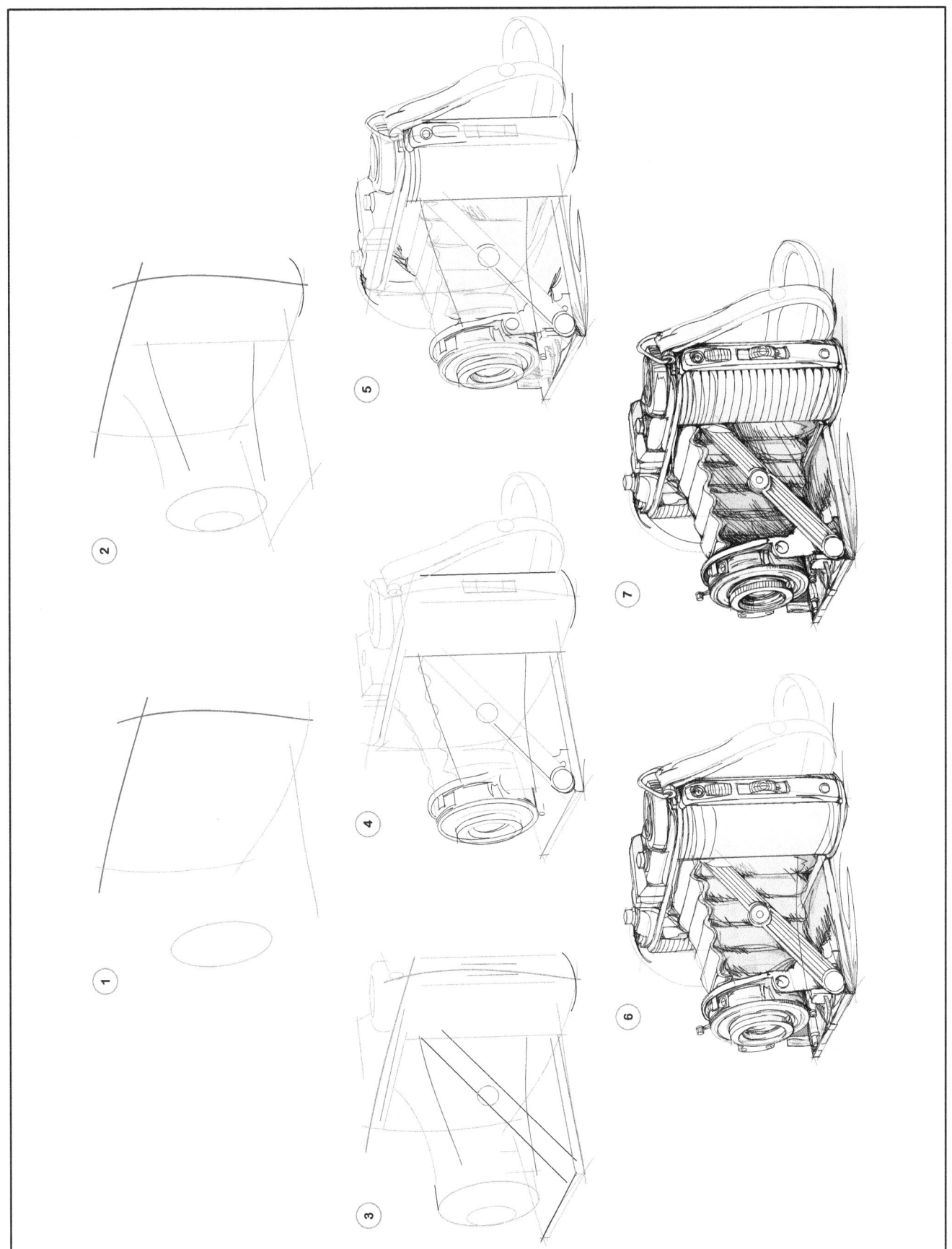

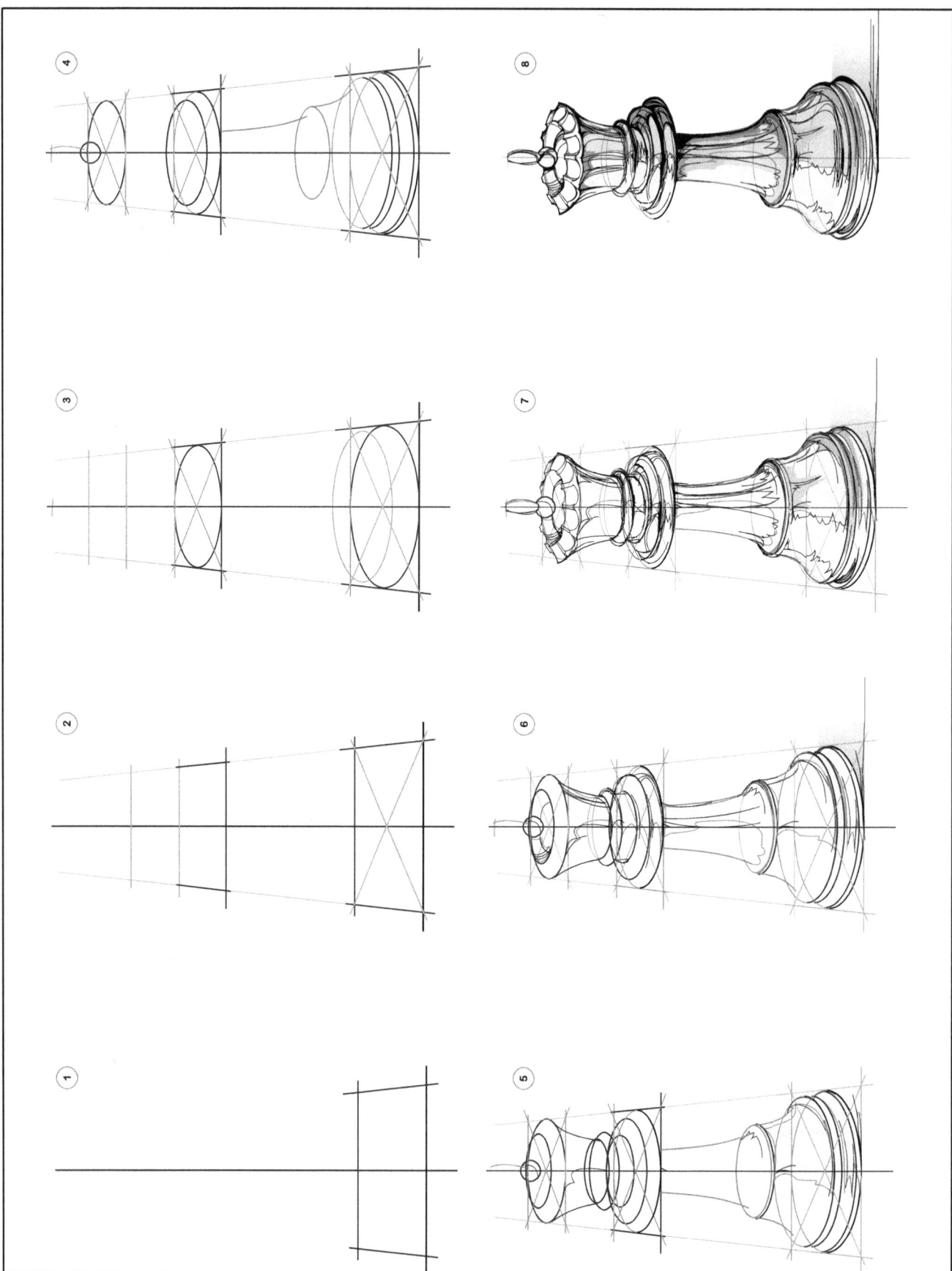

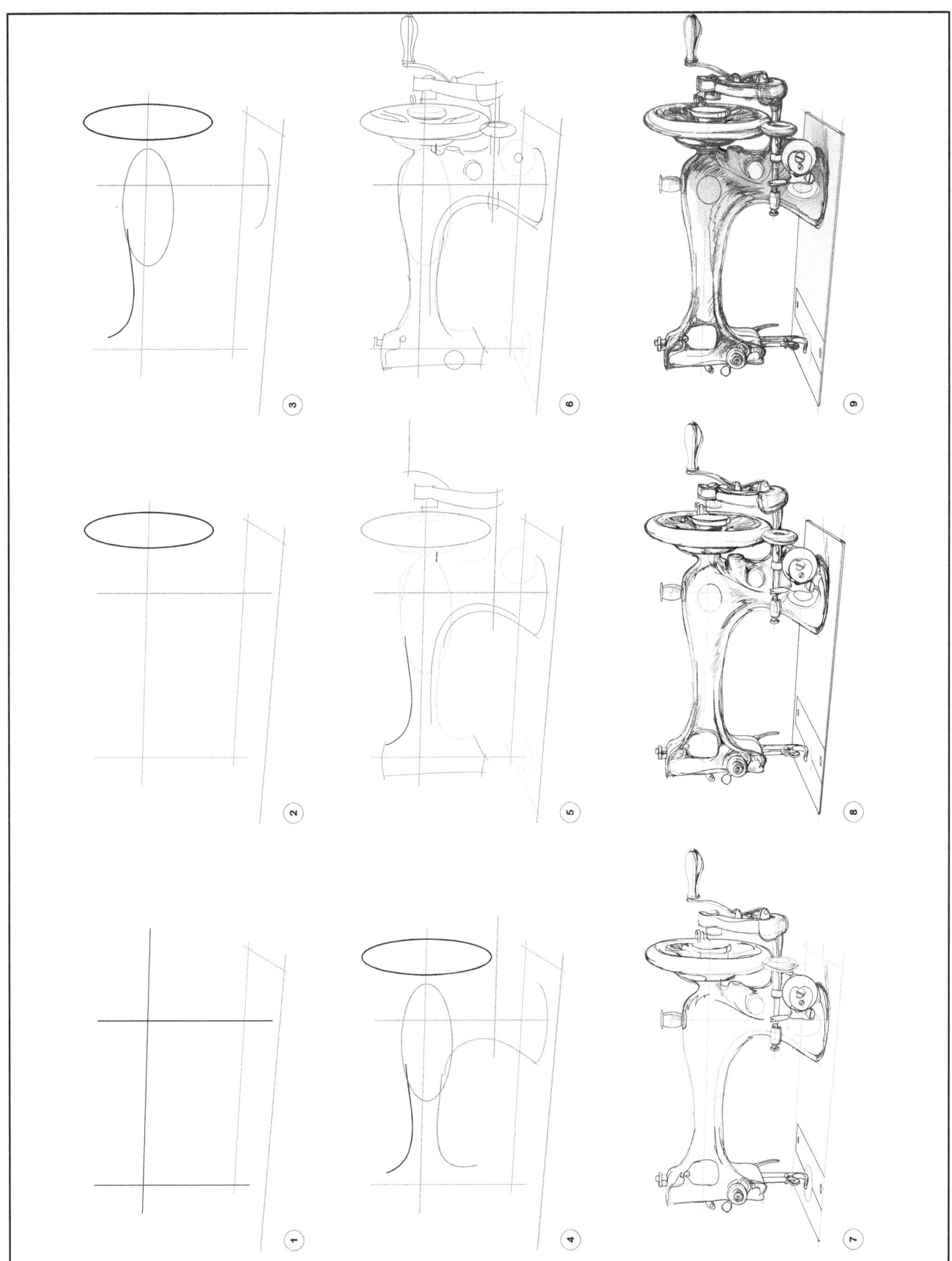

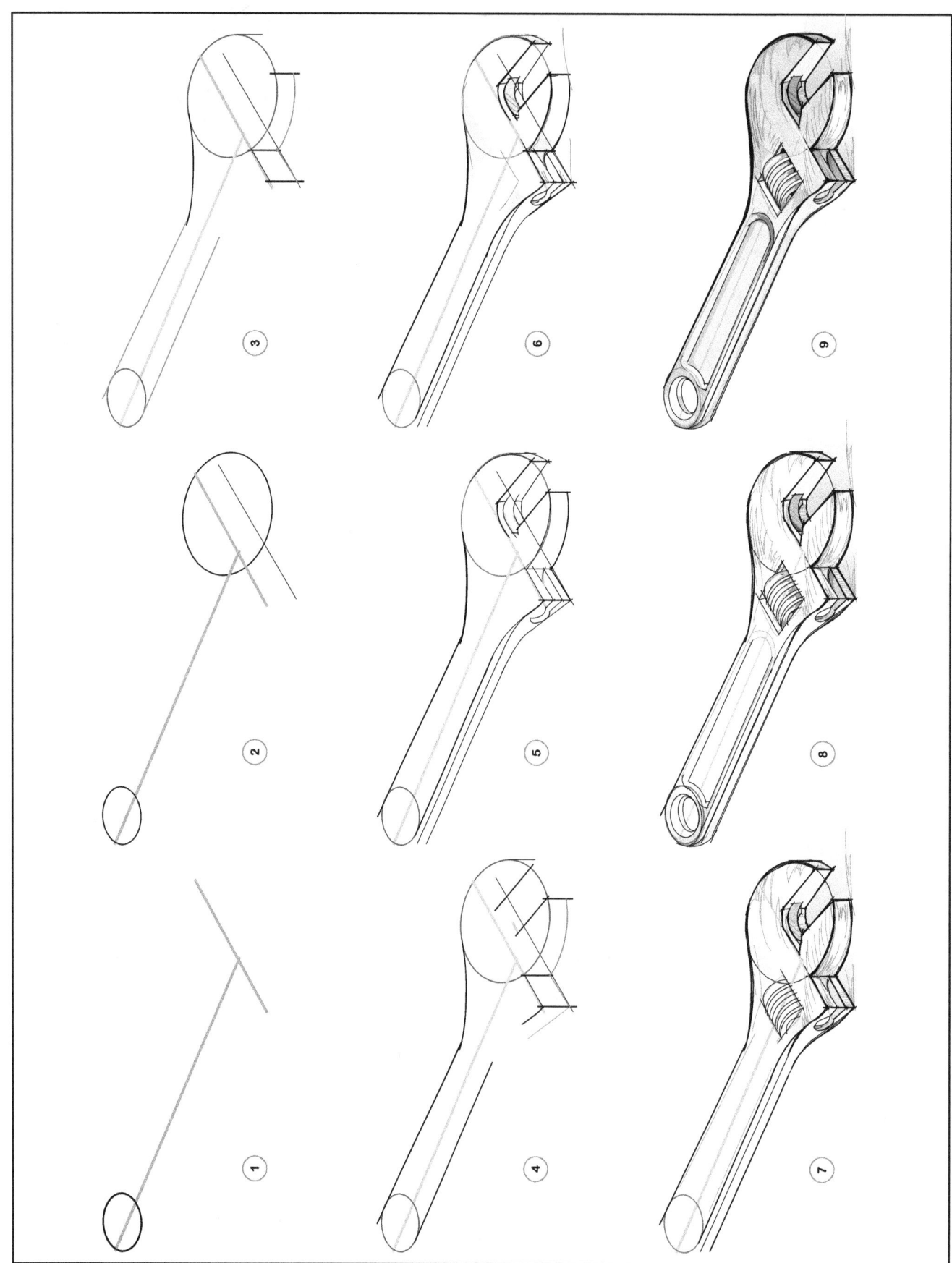

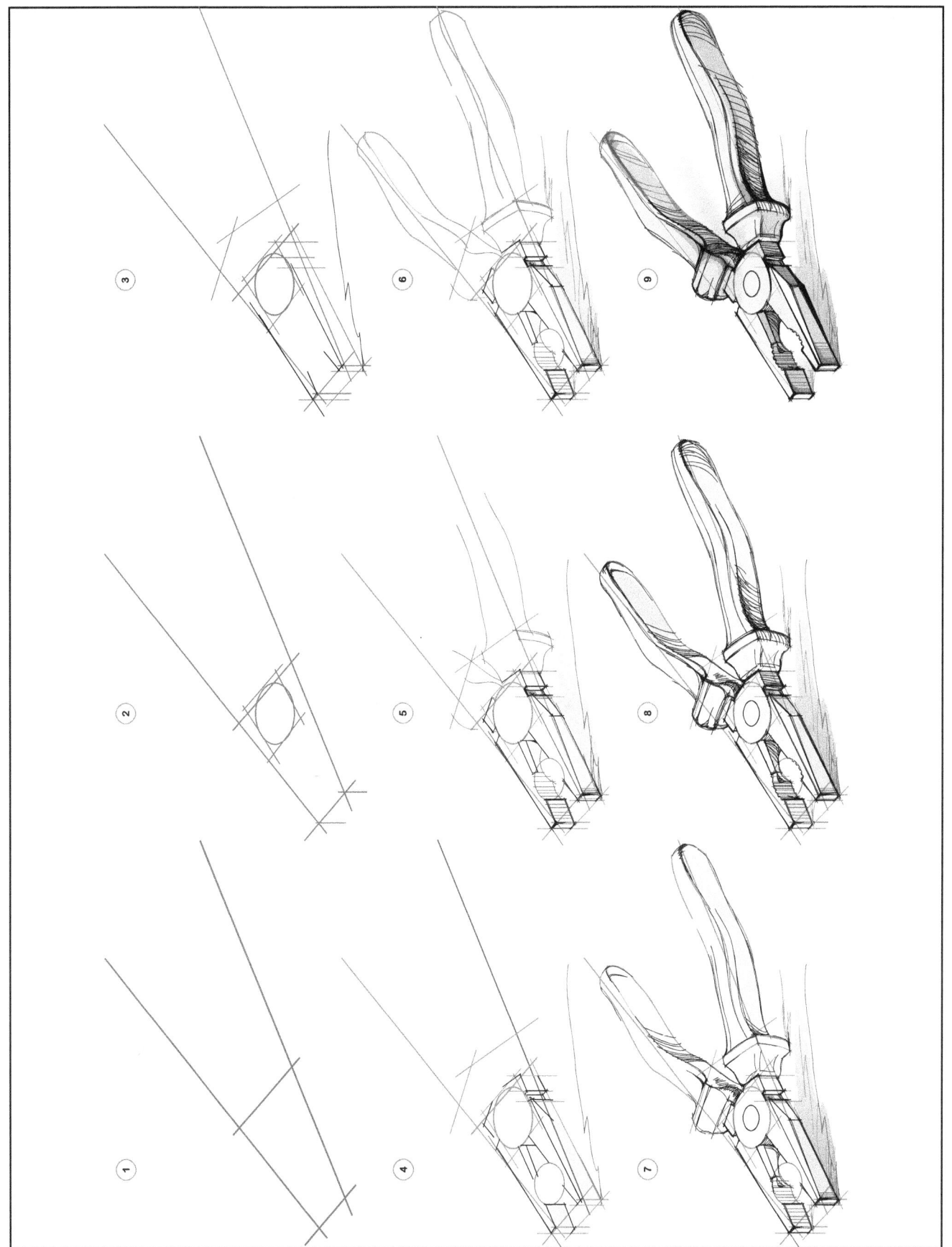

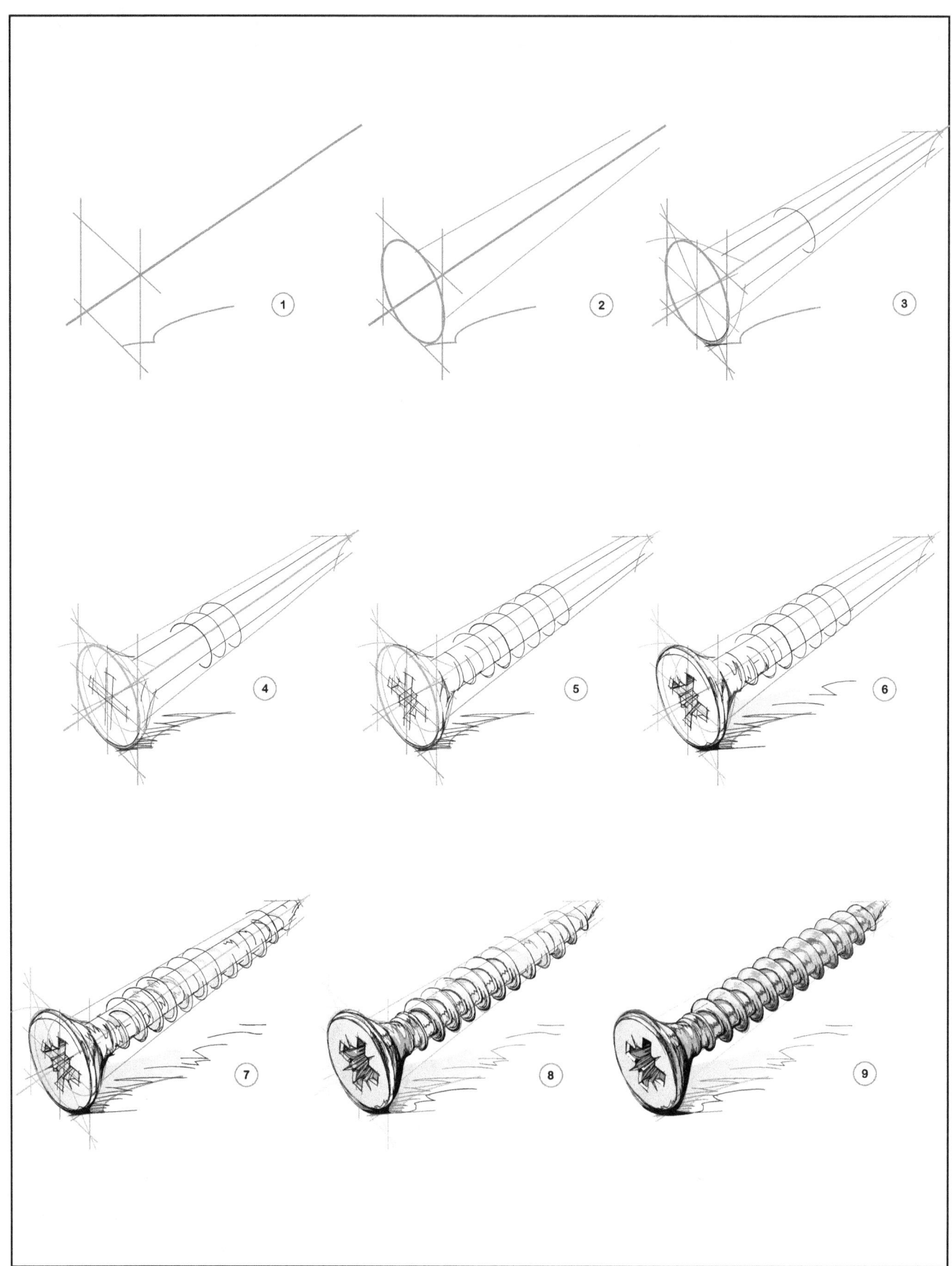

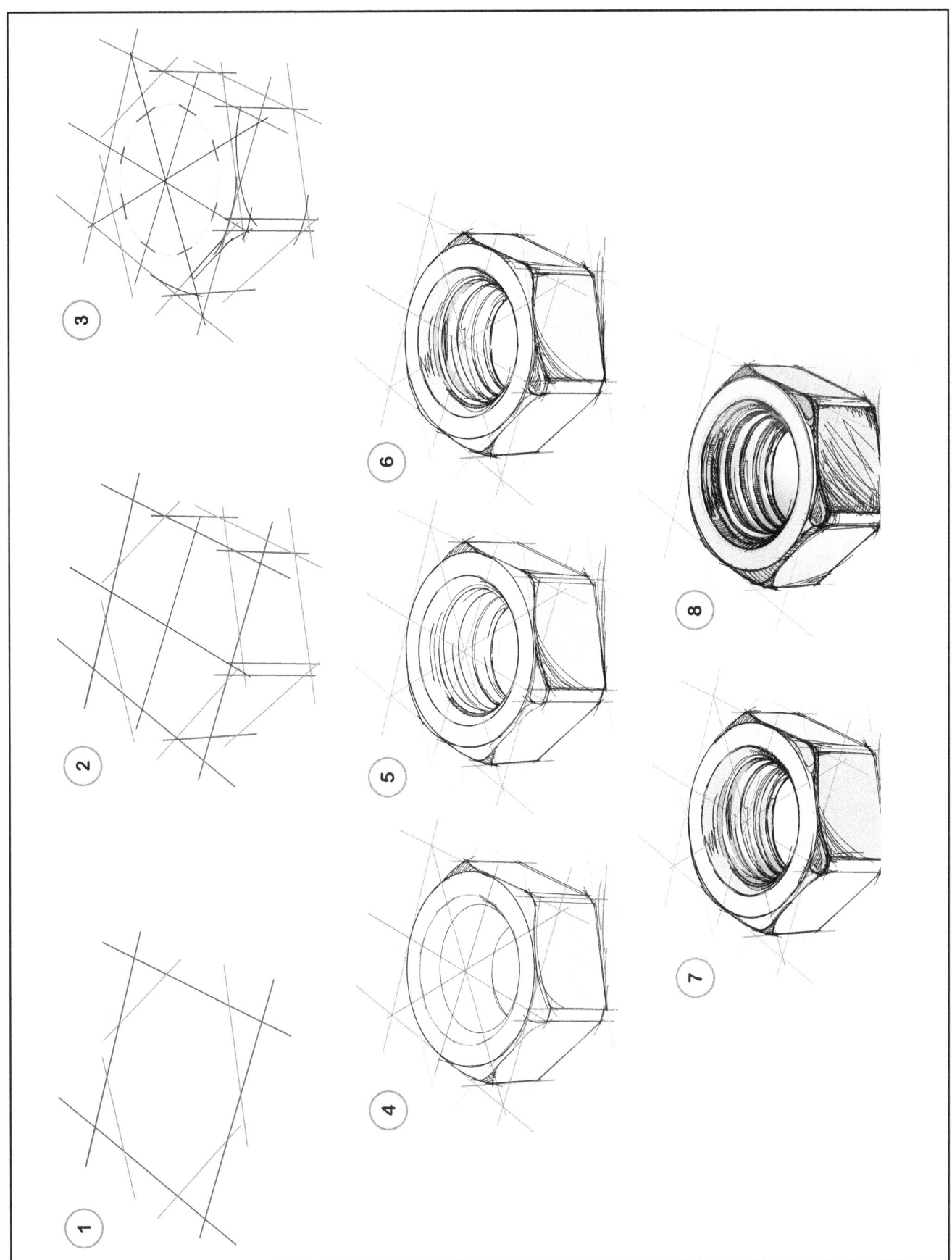

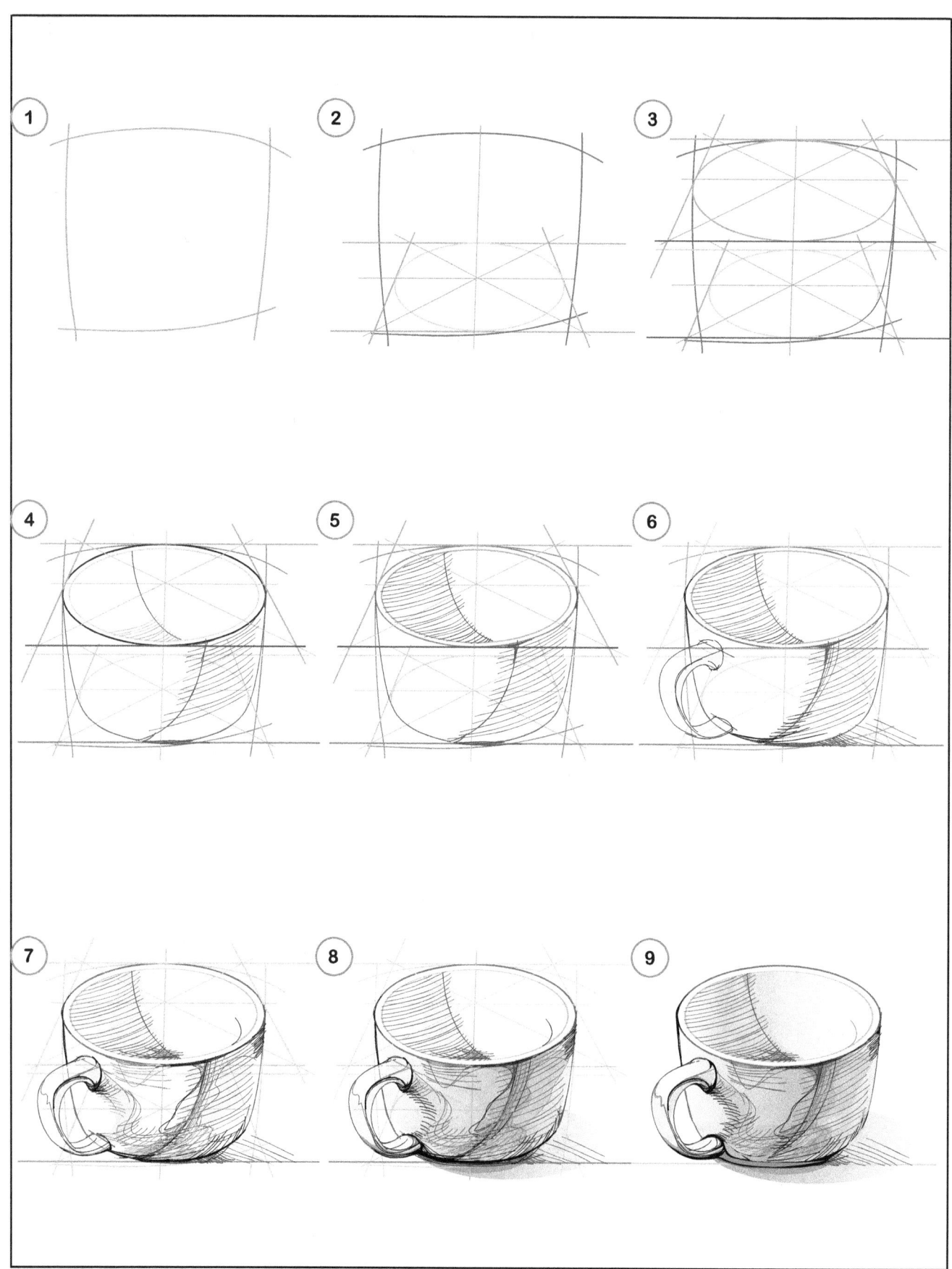

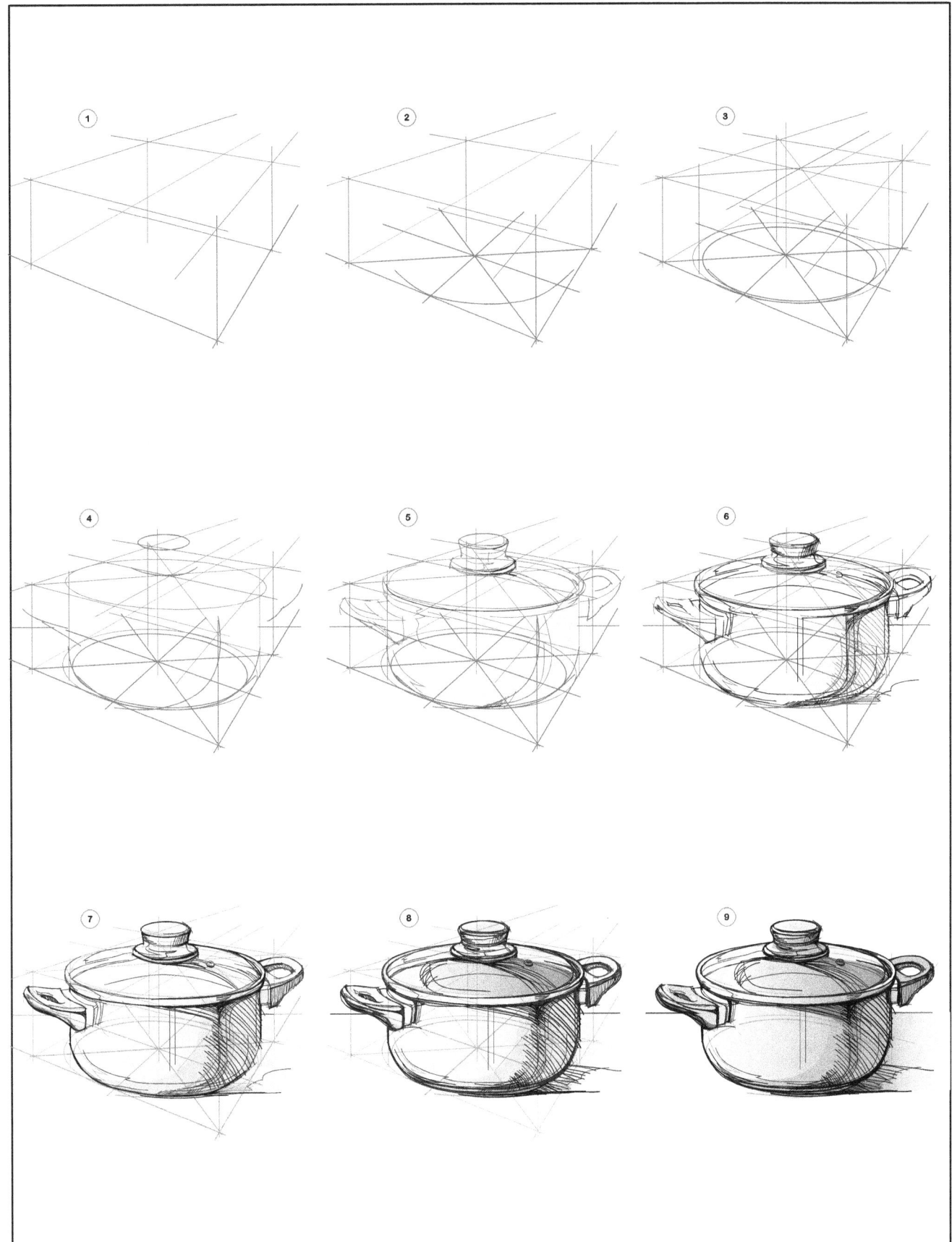

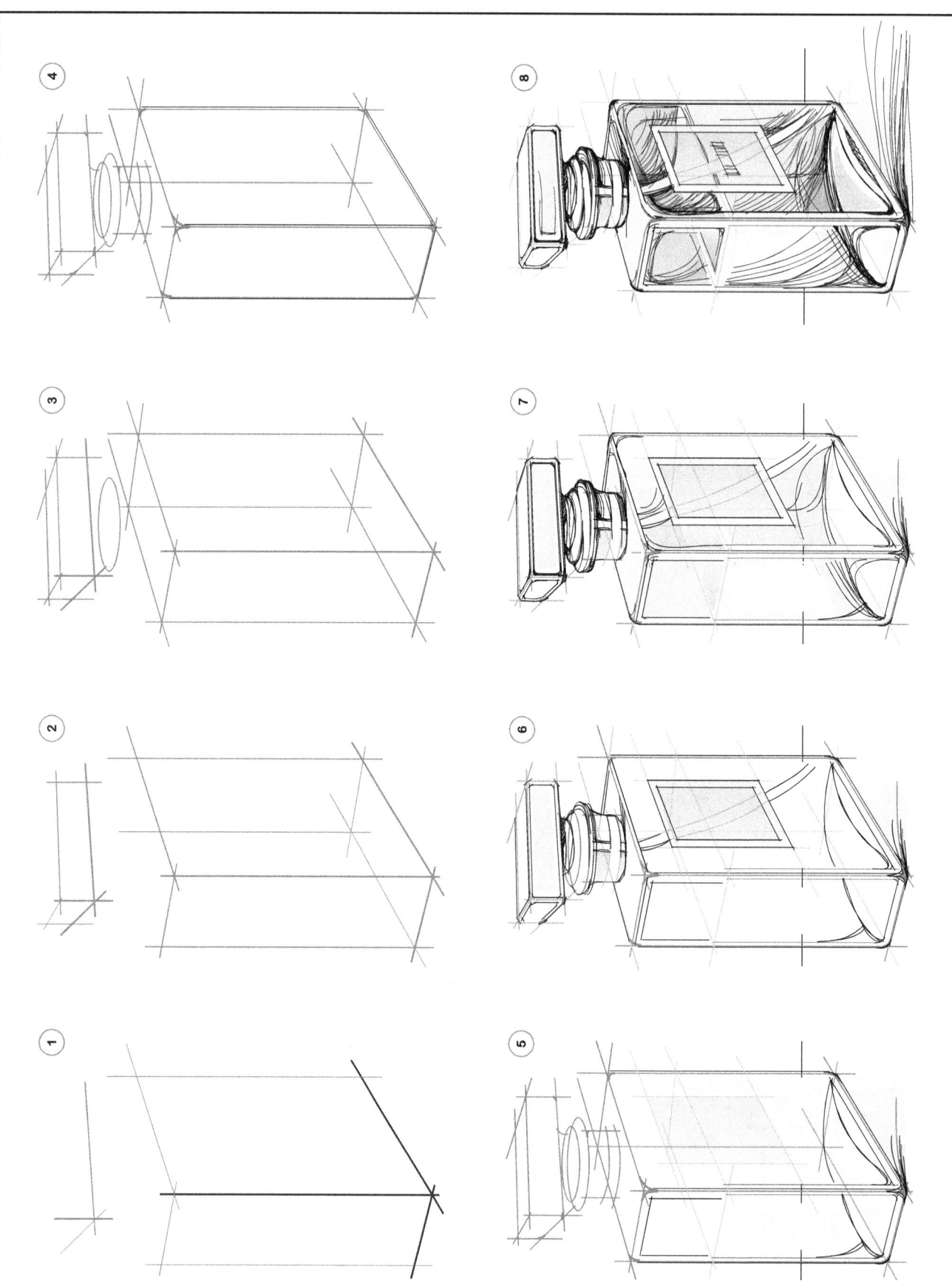

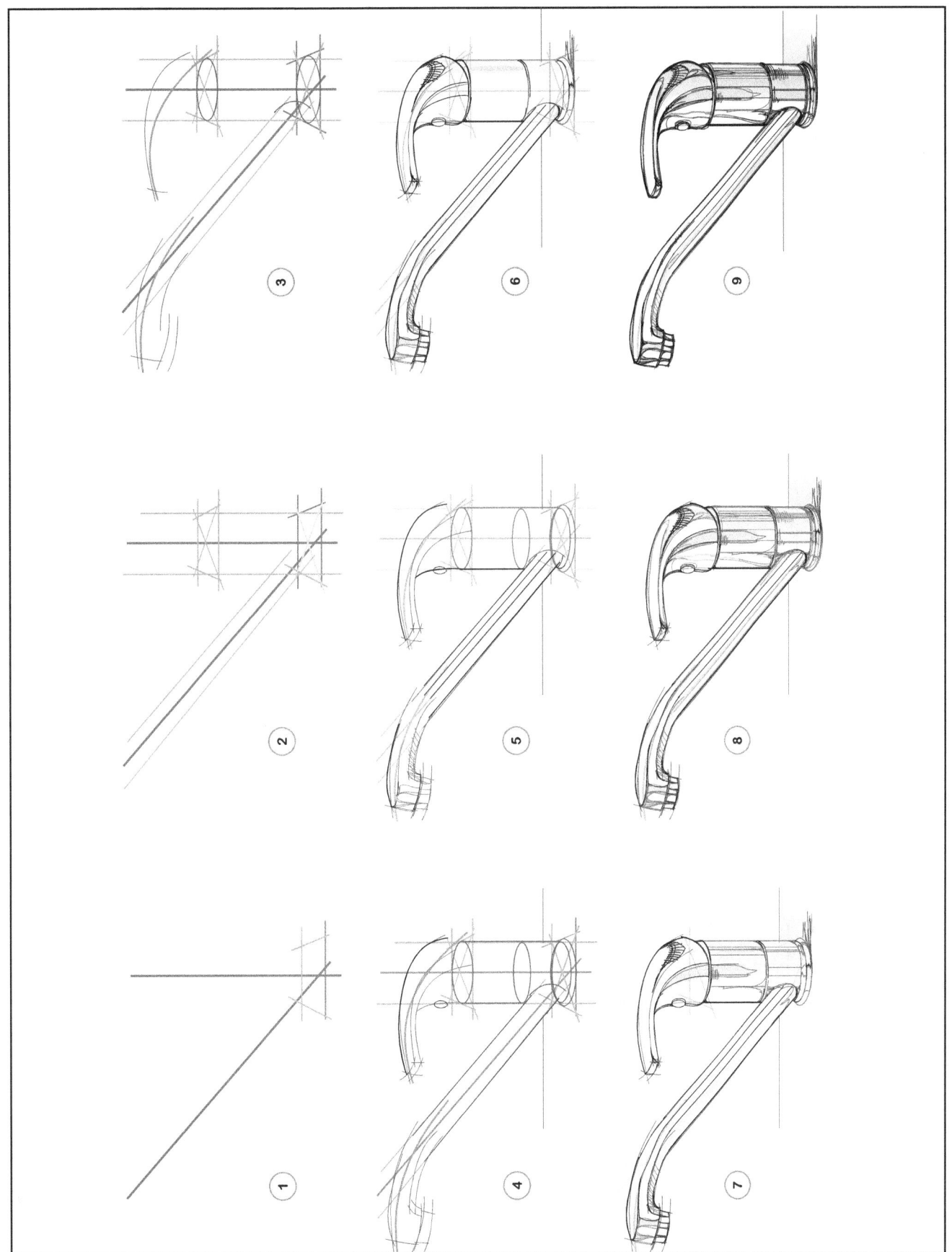

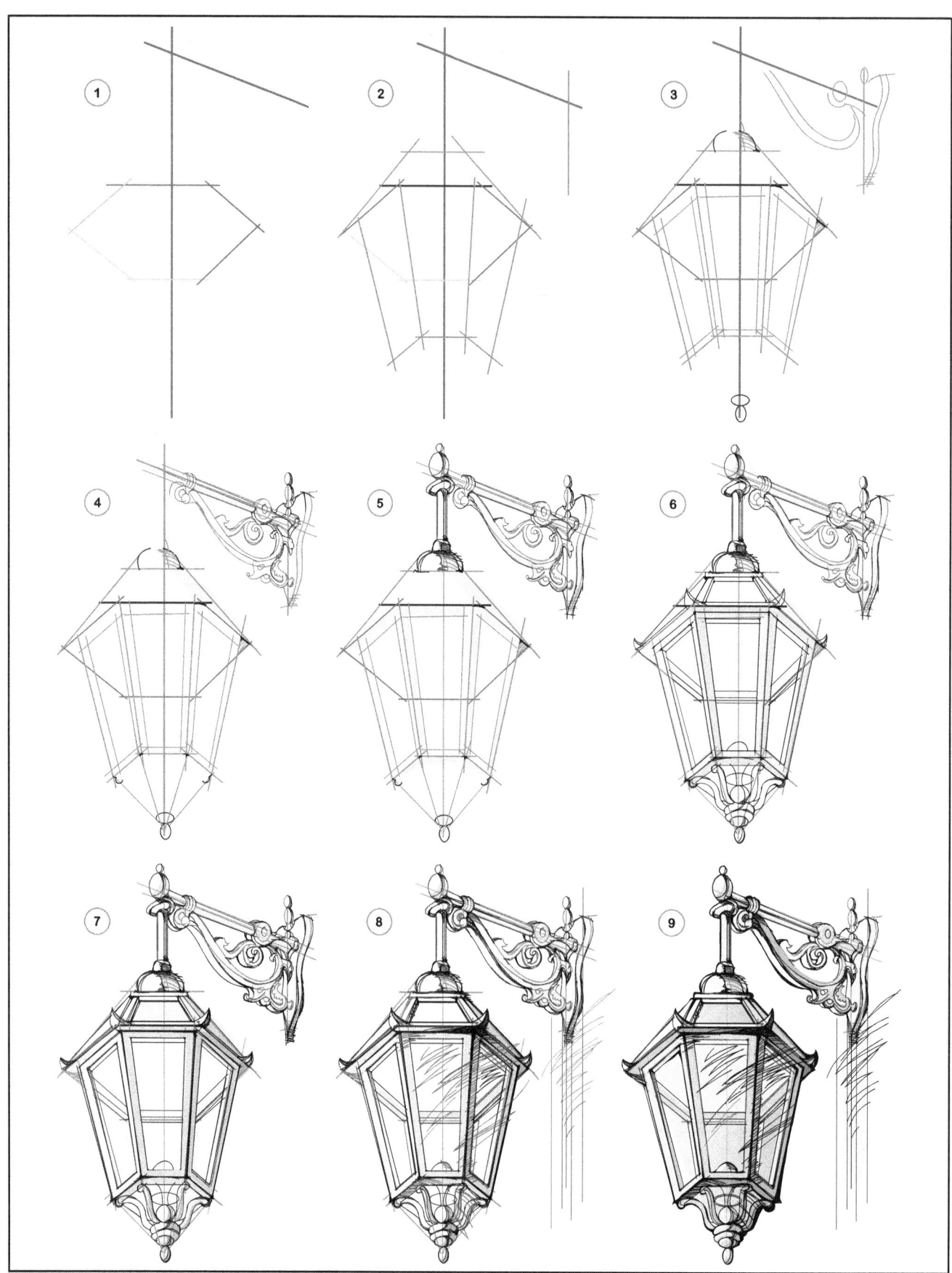

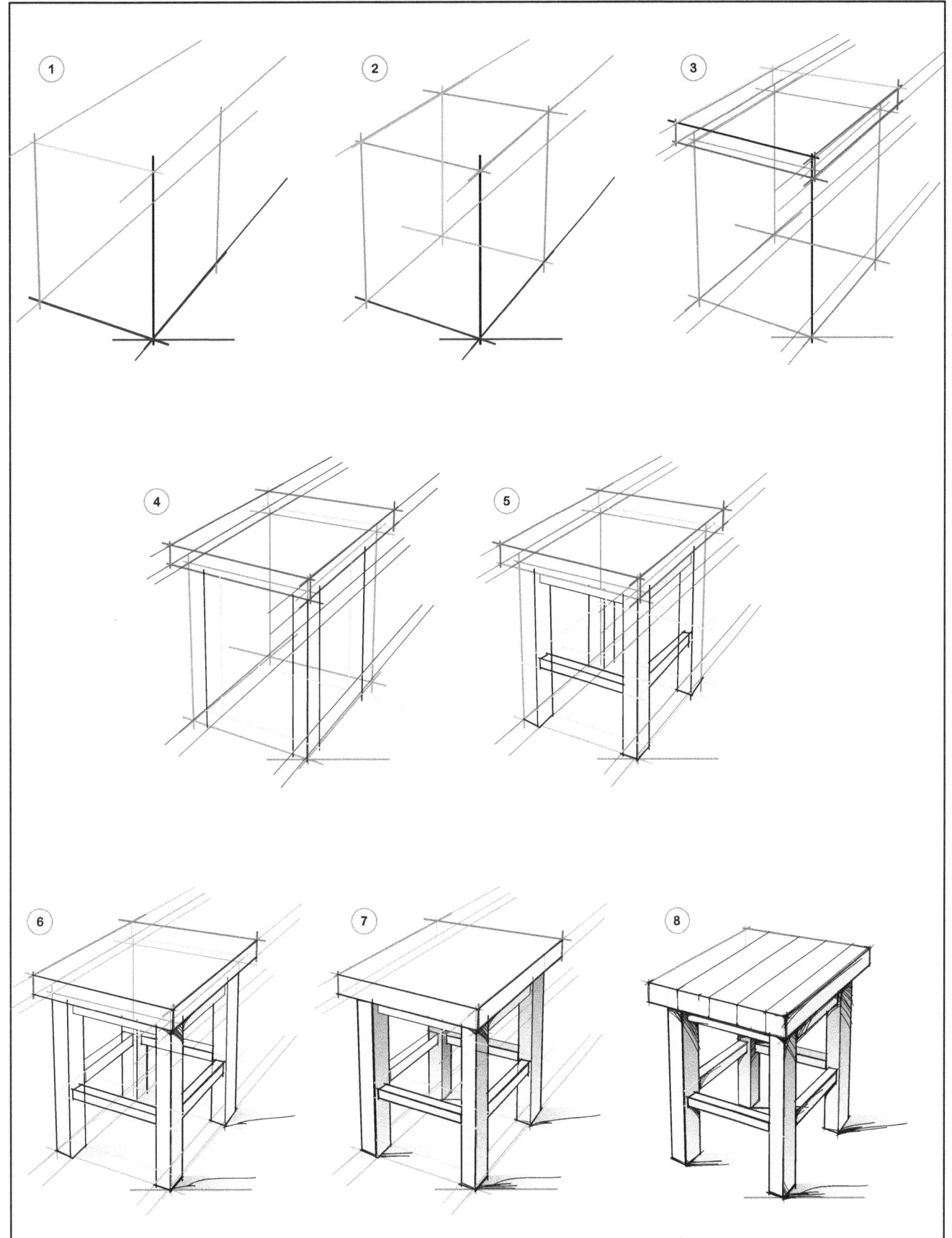

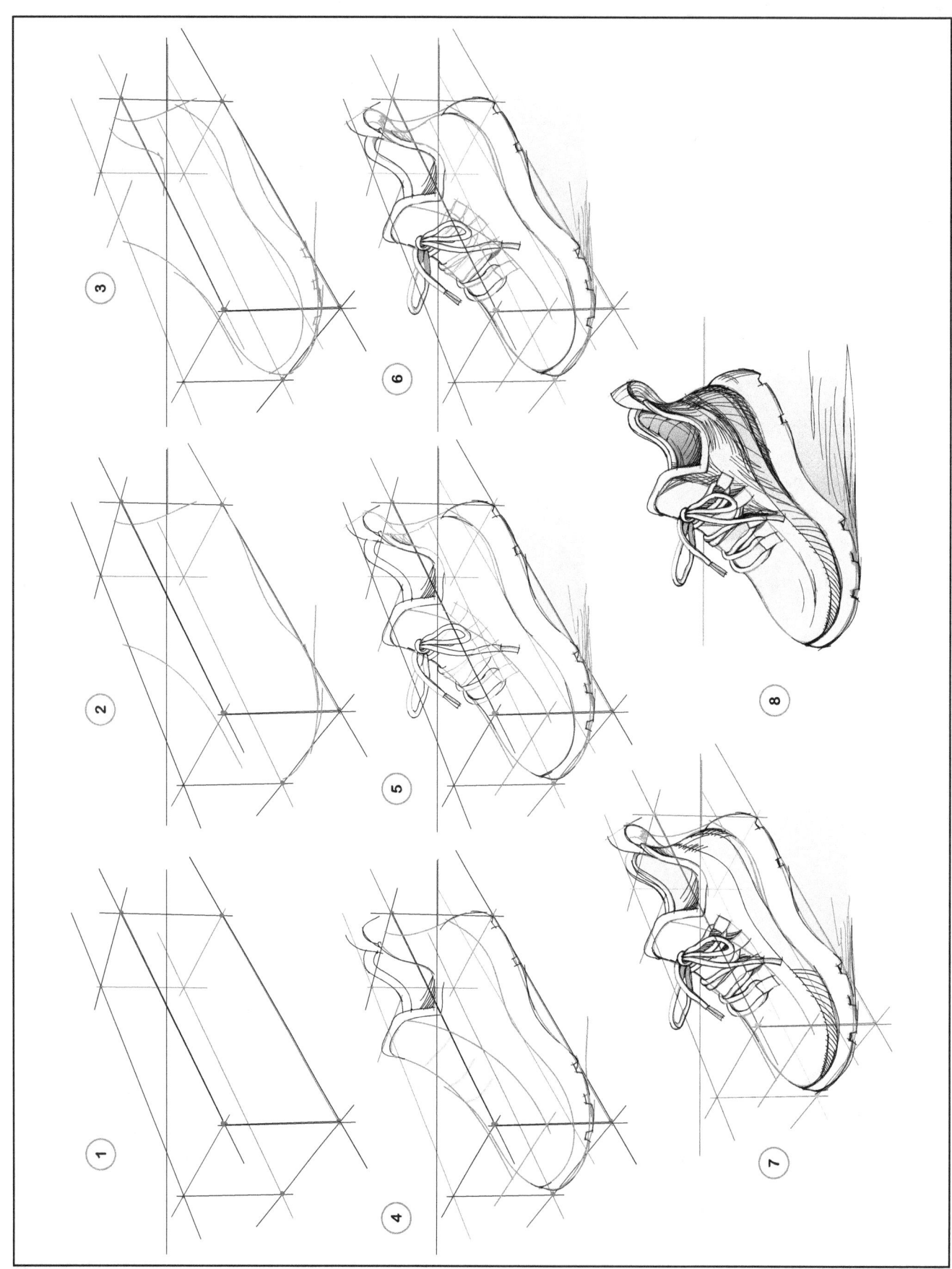

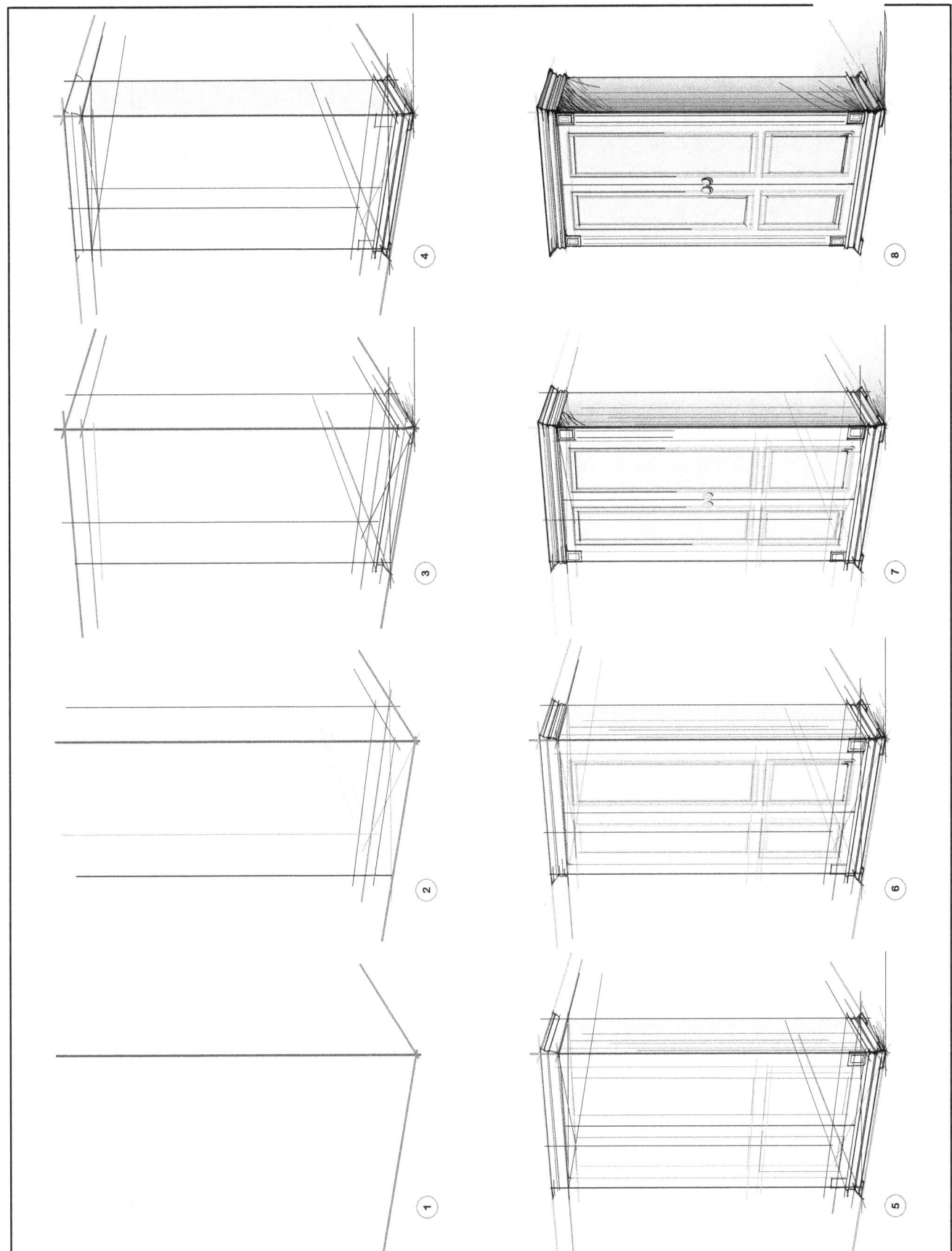

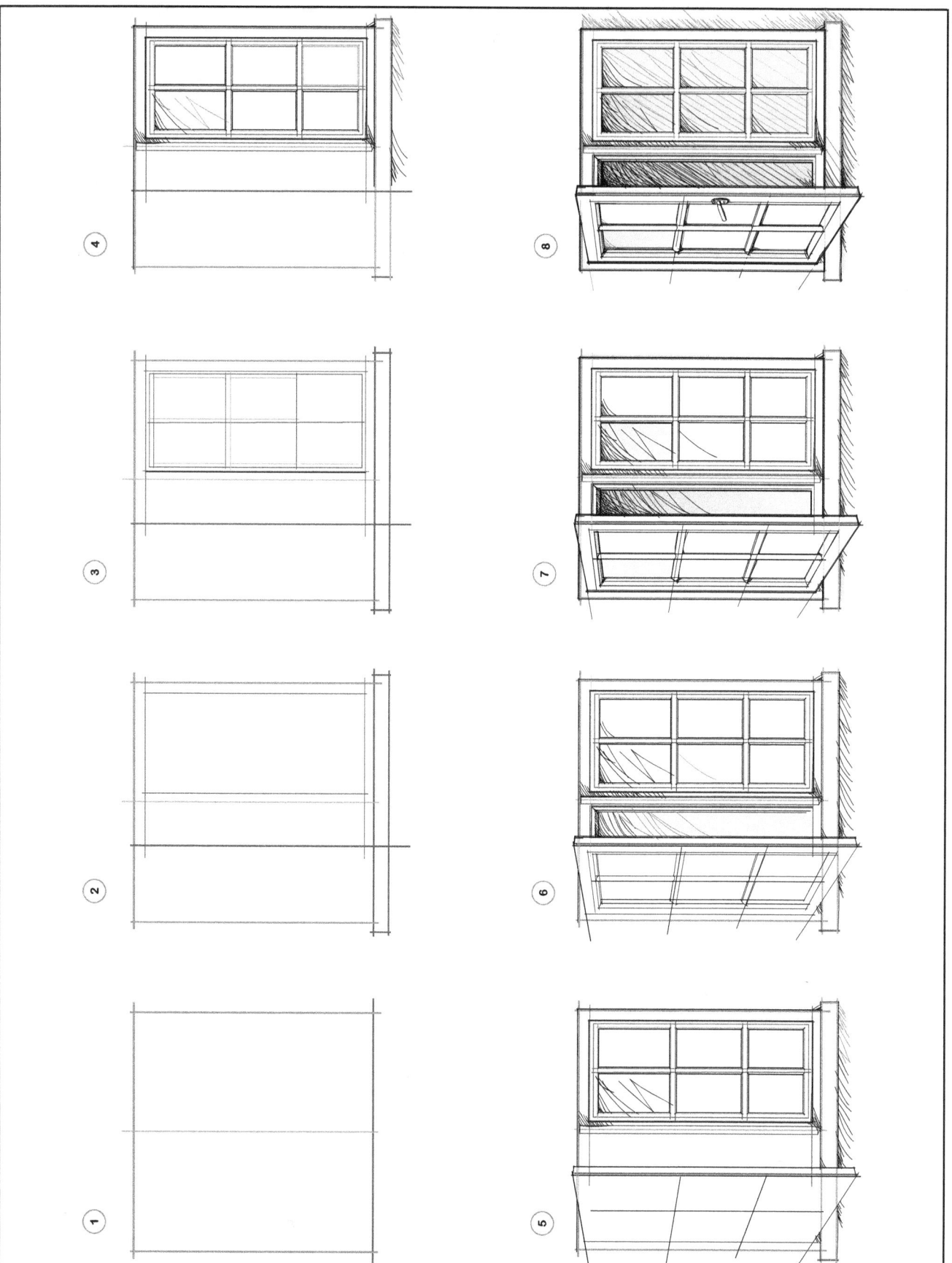

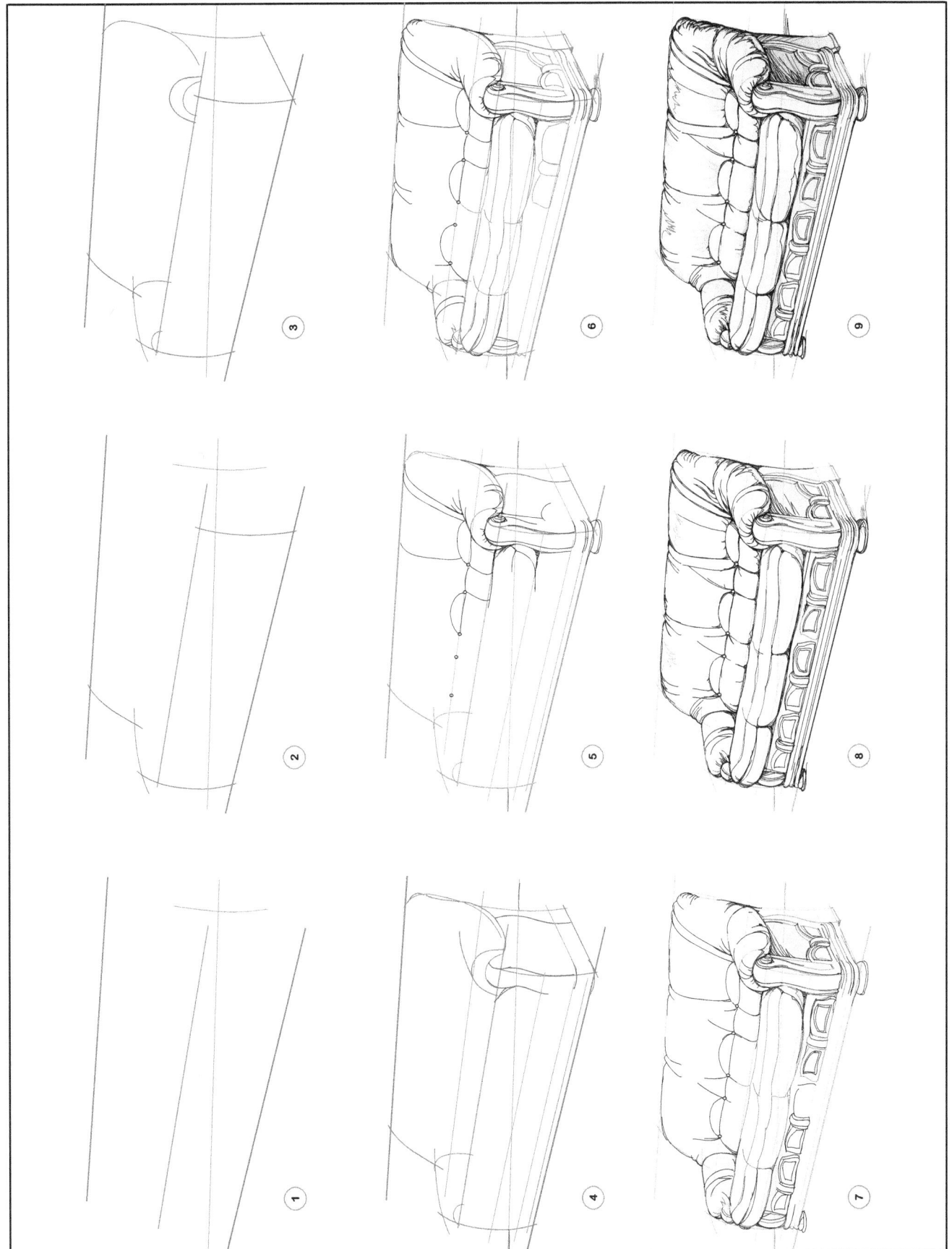

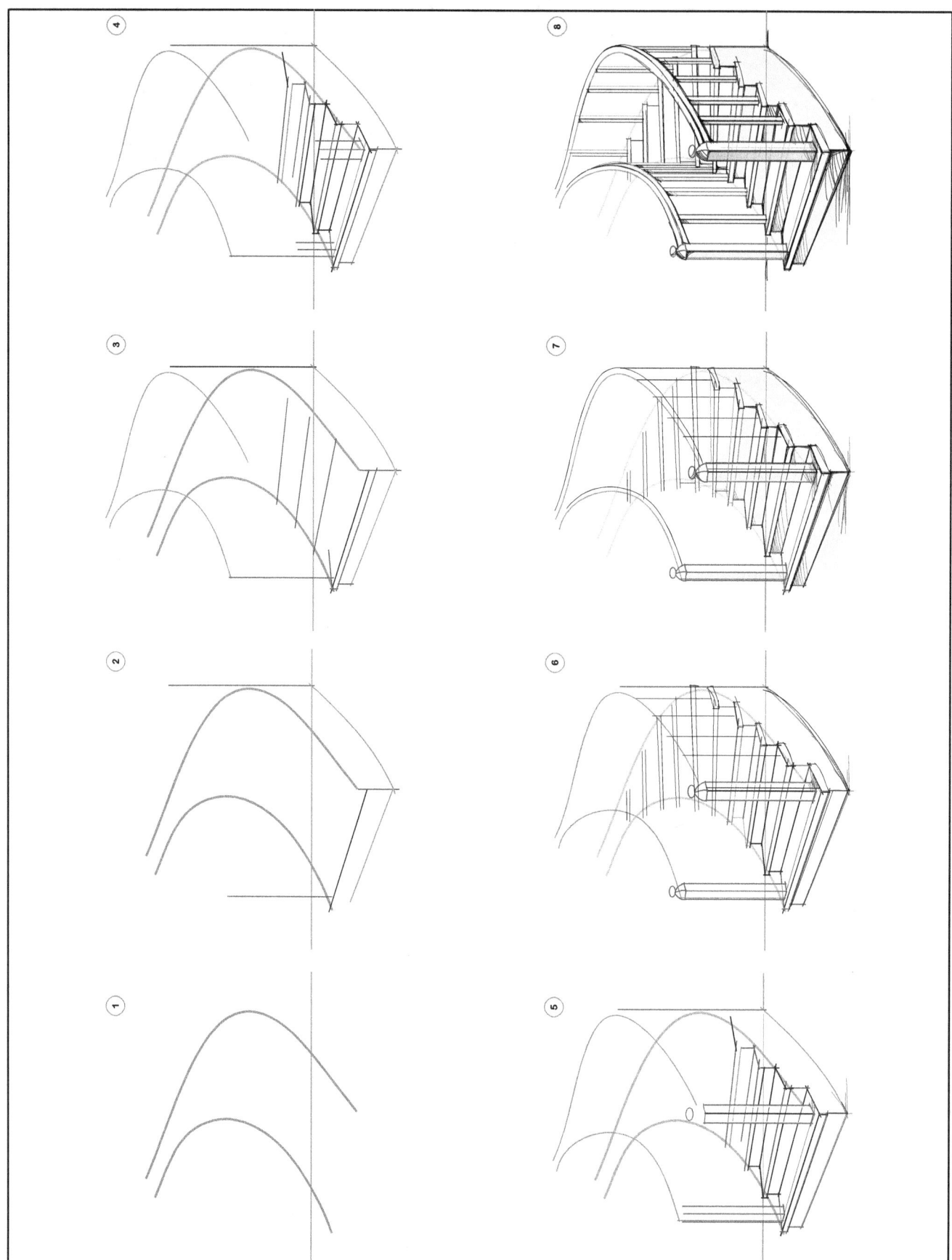

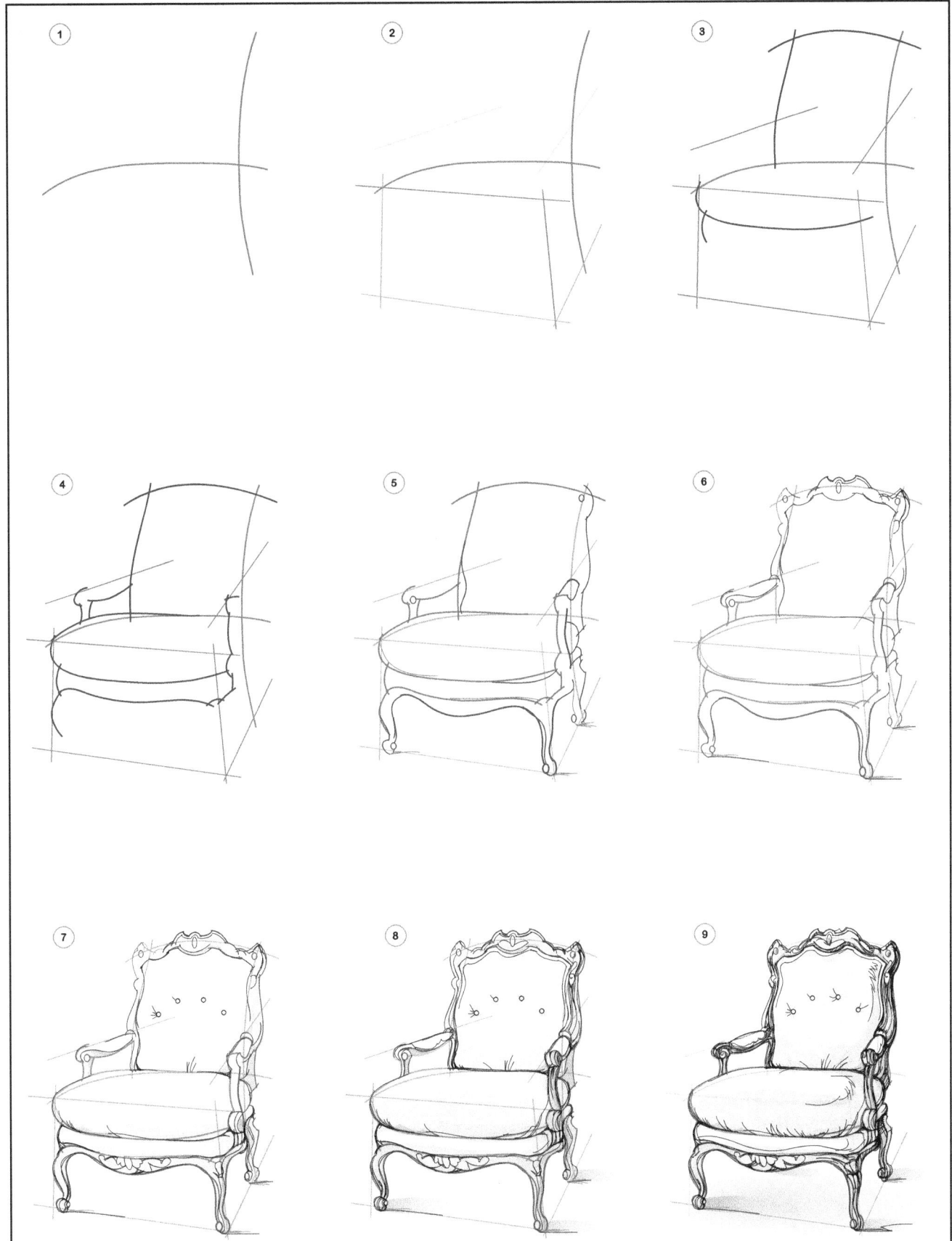

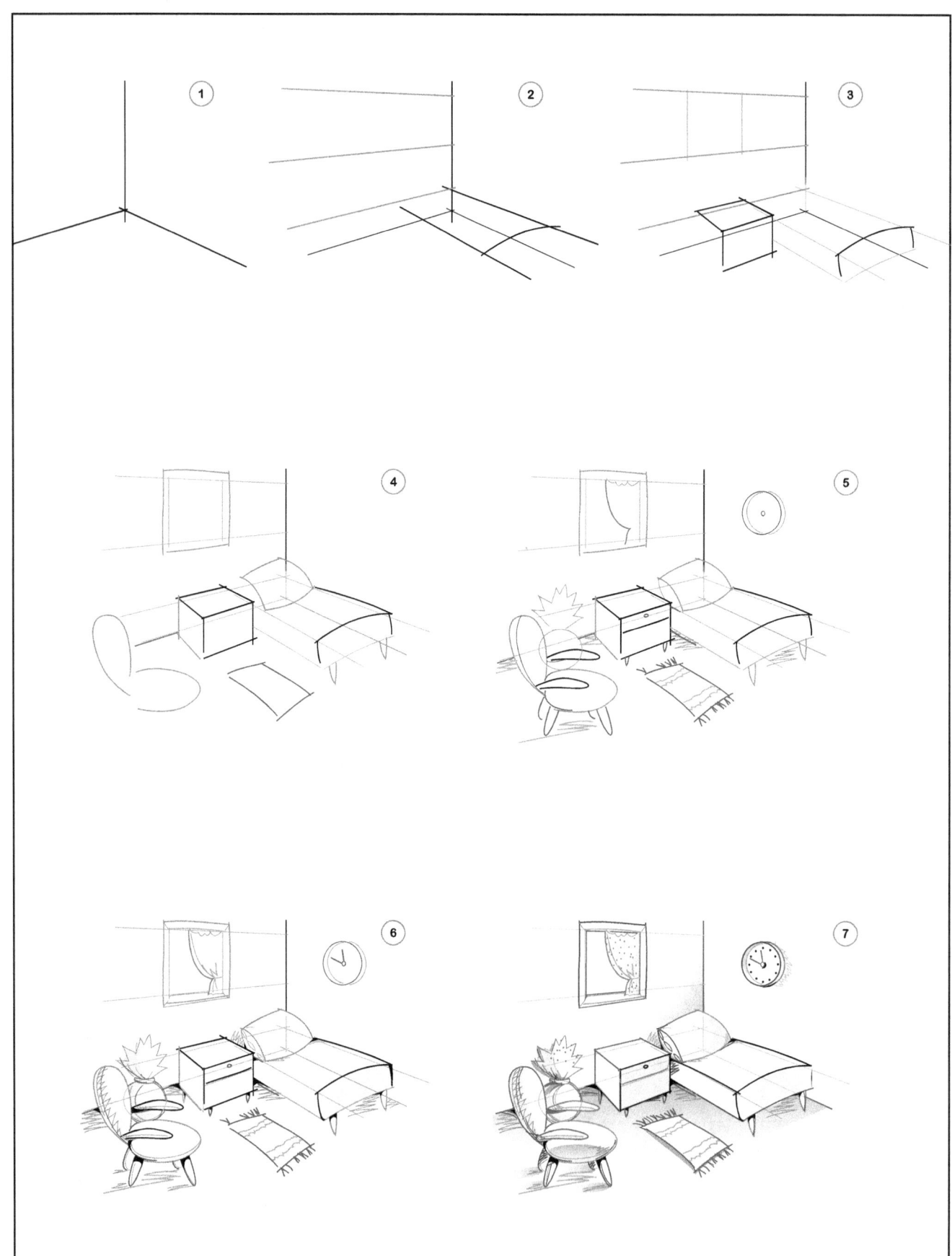

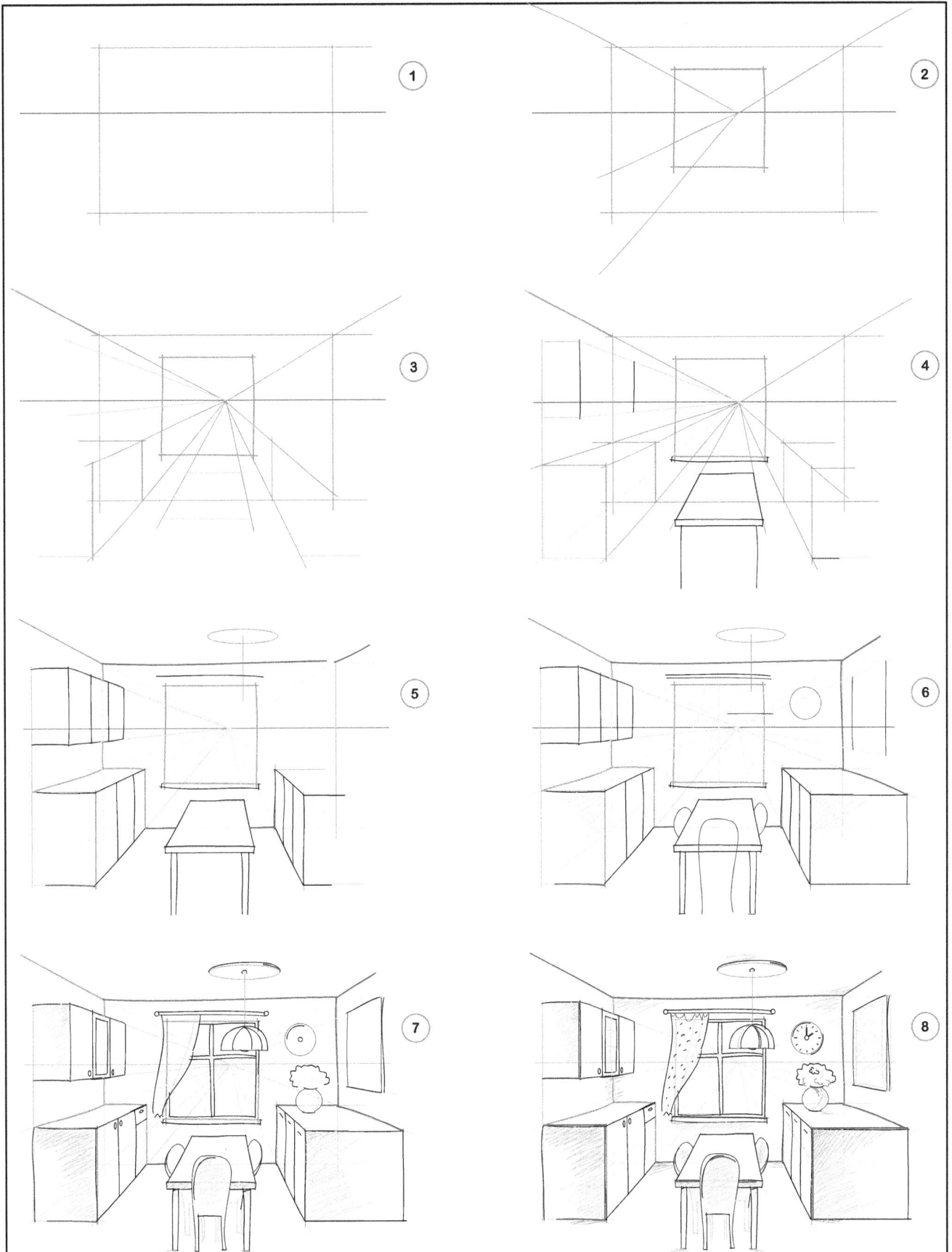

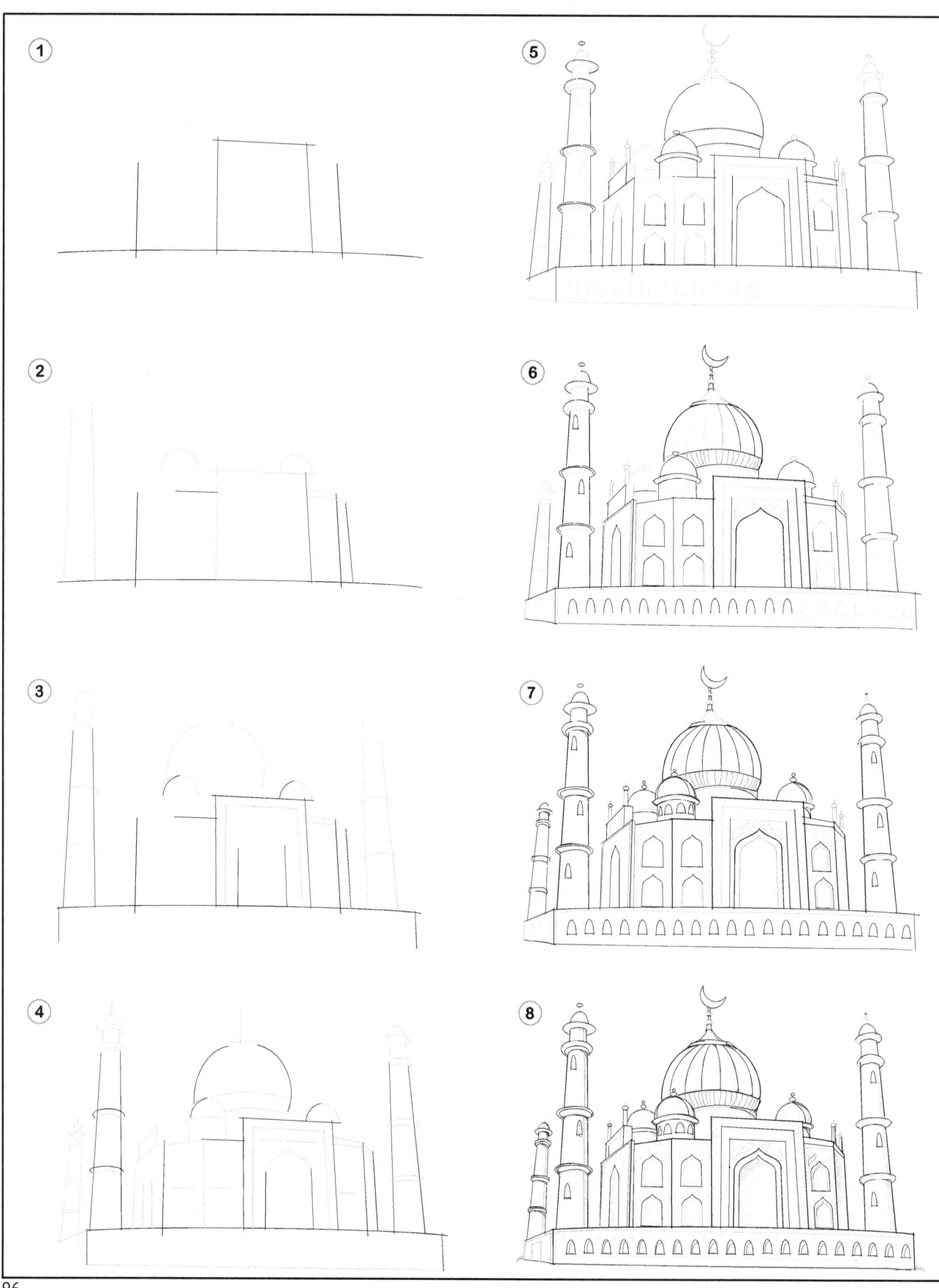

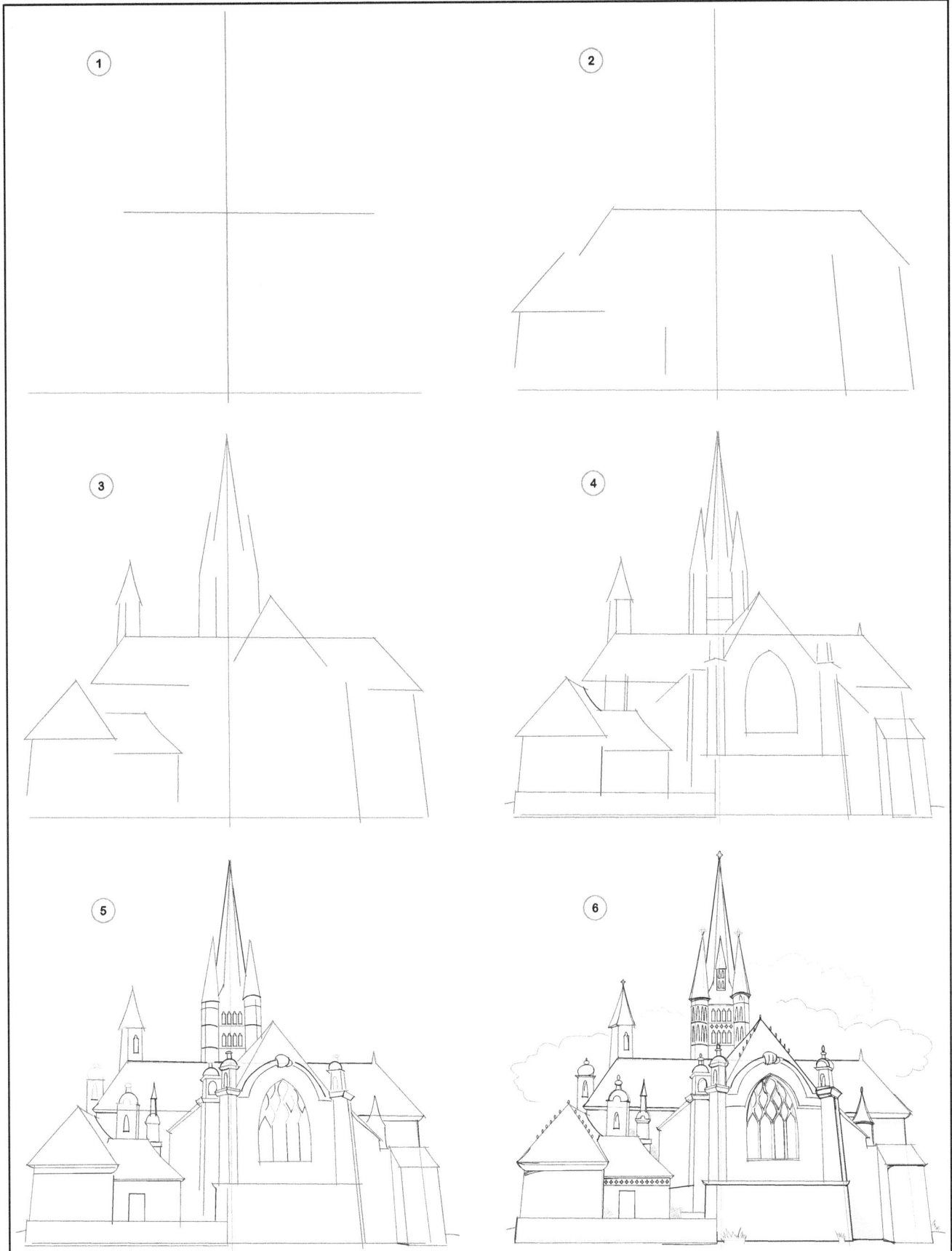

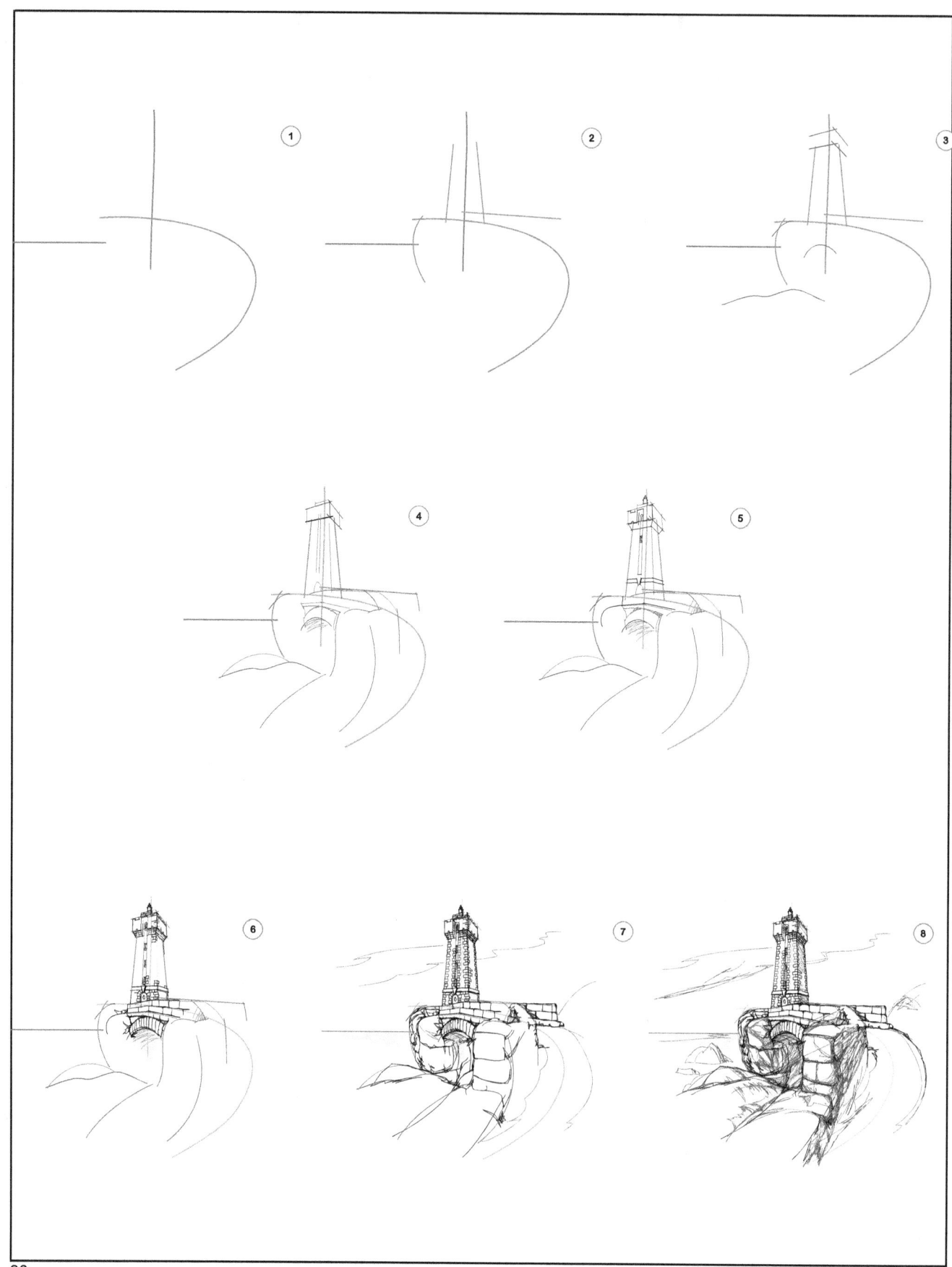

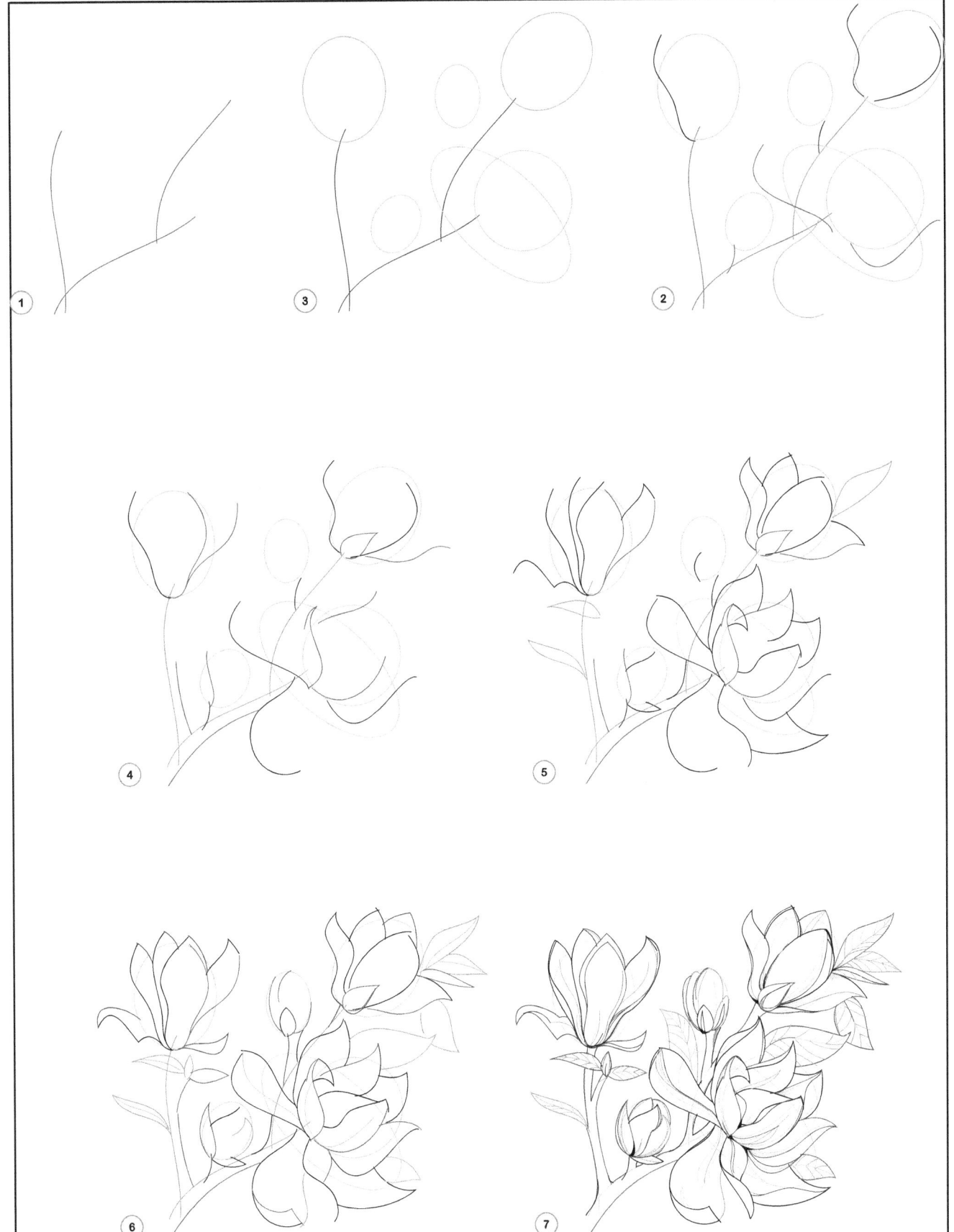

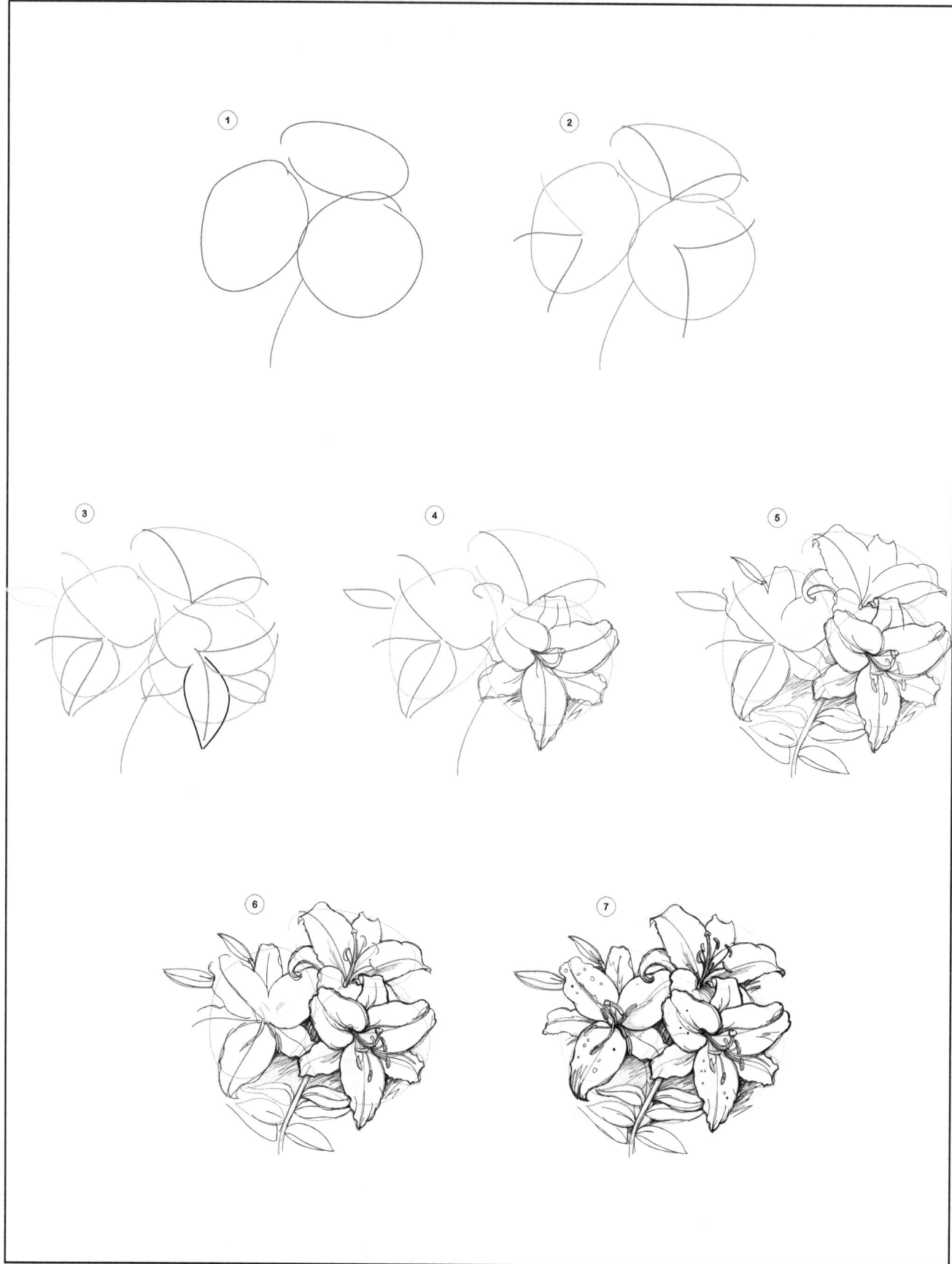

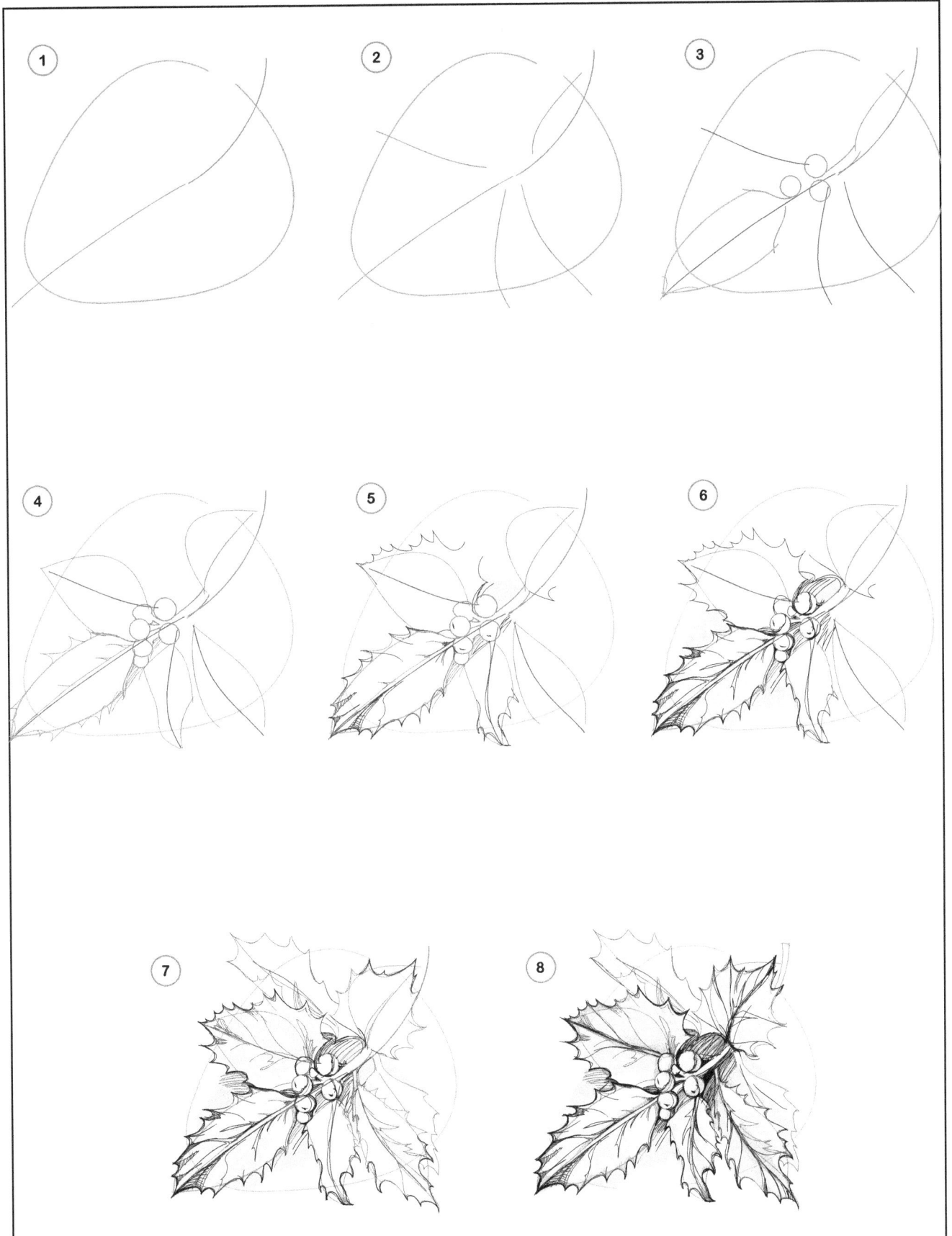

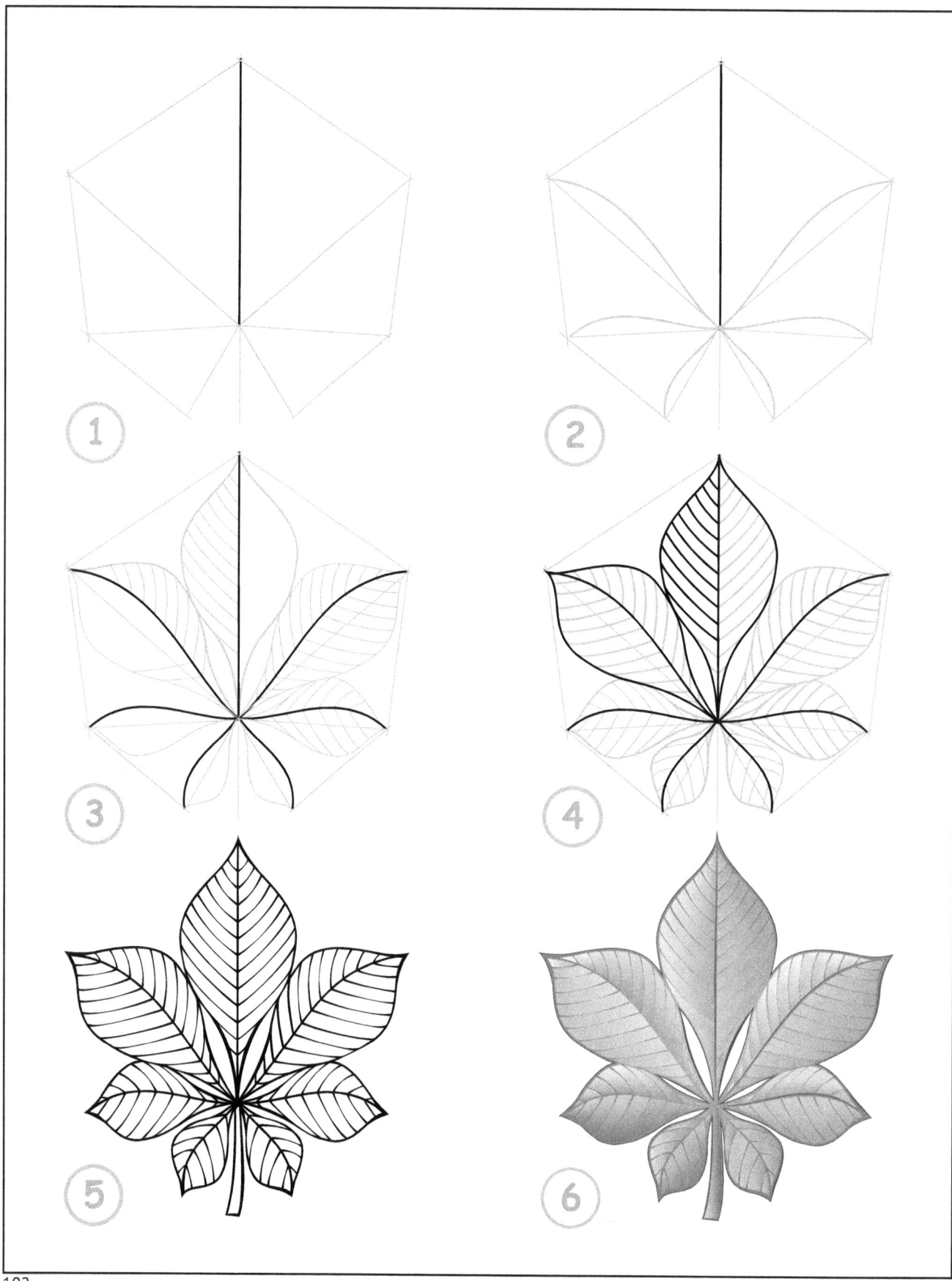

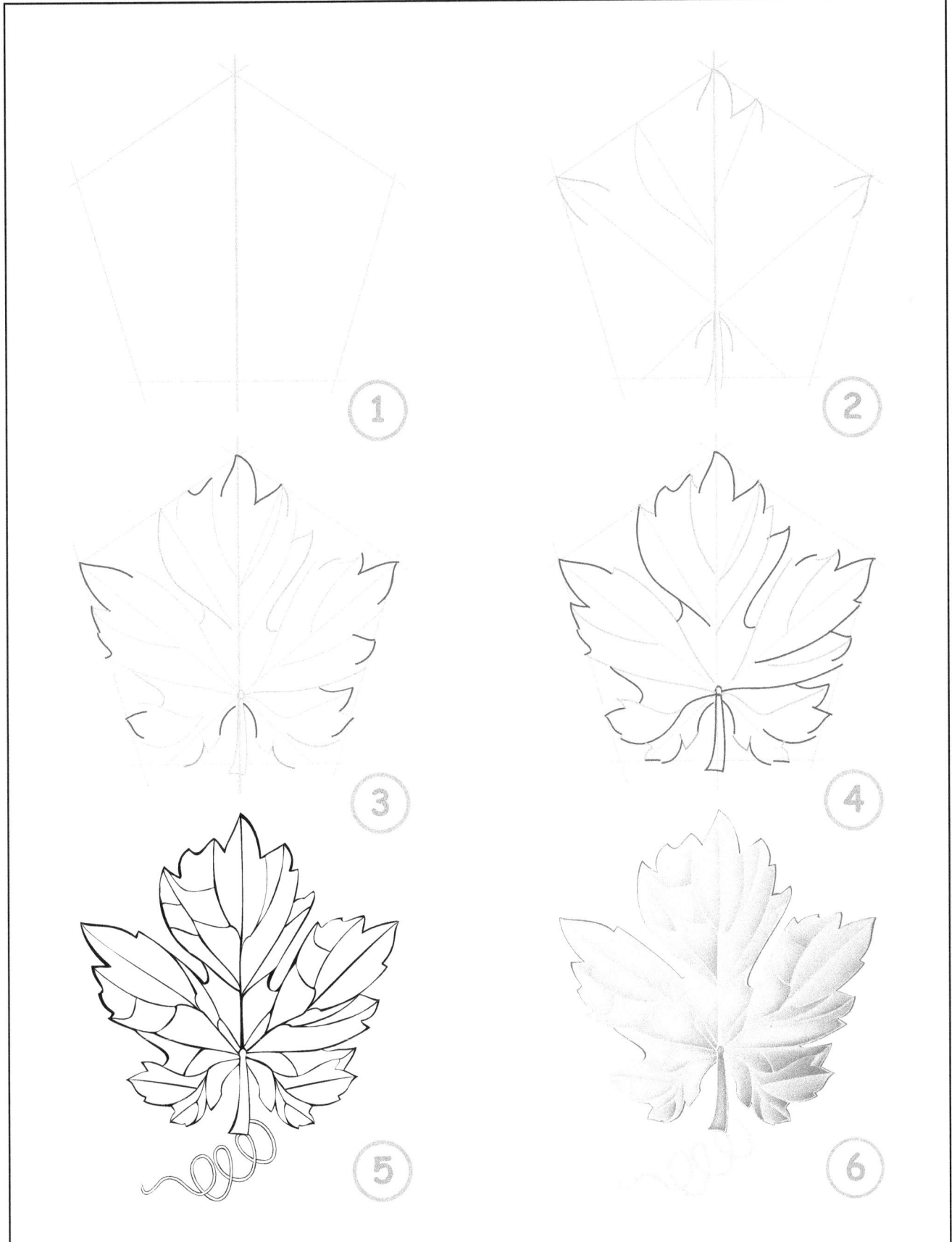

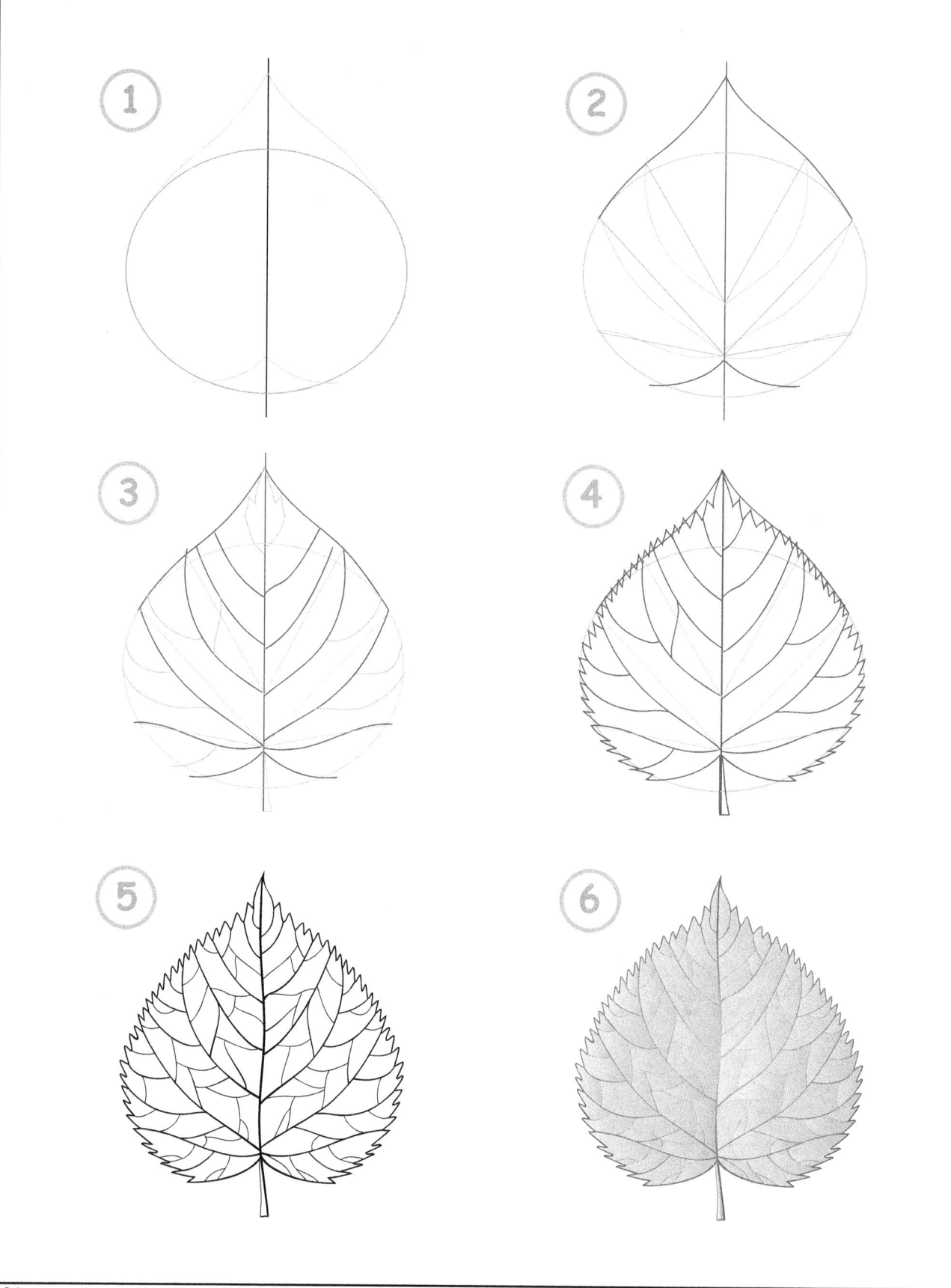

www.ingramcontent.com/pod-product-compliance
Lightning Source LLC
Chambersburg PA
CBHW062220220526
45471CB00009B/3284